Mijn spirituele Reis
Op zoek naar kennis en wijsheid

Maria Toonen

Serebrov Boeken
Den Haag

ISBN13: 9789083267616; 978-90-832676-1-6
Herziene uitgave, 2022

Redacteur: Maria Toonen en Gouri Gozalov
Illustraties: Tatiana Spasolomskaya
Ontwerp: Maria Toonen en Gouri Gozalov

© Serebrov Boeken, Den Haag, 2022
Tel.: +31 (0) 70 352 15 65
E-mail: serebrovboeken@planet.nl
Website: www.serebrovboeken.nl

Inhoudsopgave

Dit boek is een autobiografie, waarin de schrijfster vertelt over haar ervaringen bij haar levenslange zoektocht naar het hogere. Hier spreekt een ongewone ziel, die zich thuis voelt in Nederland, Italië, Rusland, Tibet, India, Indonesië, het oude Egypte en tegelijkertijd nergens. Al in haar kinderjaren ontmoet en ervaart zij het hogere en het gruwelijk lagere. De deuren naar hogere posities in een aantal esoterische geestelijke hiërarchieën lijken voor haar open te staan. Ze dringt snel door tot in de mystieke kern van deze spirituele boodschappen, maar ze ambieert alleen bescheiden posities, ergens op de achtergrond en na enige tijd vertrekt ze weer om haar eigen, wonderlijke Pad te volgen. Te midden van het bruisende leven van de gevestigde, esoterische scholen blijft ze zich afvragen, waar het huis van haar ziel is. Haar liefde voor Christus, die haar vader haar, vlak voordat hij in de oorlog omkwam, meegaf, blijkt een onzichtbare leidraad te zijn en al haar kennis en inzichten, die zij in de verschillende geestelijke tradities verzameld heeft, komen hier bijeen...

Guram Kochi
Den Haag, 12 augustus 2022

Mijn vrienden zeiden, dat ik, als zoekster naar waarheid, mijn zoektochten op religieus gebied en mijn ervaringen bij diverse esoterische scholen zou moeten opschrijven. En ook over mijn reizen, mijn pelgrimstochten, vertellen. Ik zou over de confrontaties en conflicten moeten schrijven, die ik innerlijk en uiterlijk ervaren heb, en proberen daarin de rode draad van mijn geestelijke ontwikkeling, mijn zoektocht naar God, te vinden.

Veel mensen zijn op zoek naar innerlijk licht, naar God, en denken na over het mysterie van het leven: wie zijn wij en waar gaan wij heen? Velen worden zich bewust van een groter, creatief en inspirerend innerlijk en uiterlijk leven en daar vertel ik over.

Dit boek is een autobiografie en de meeste namen zijn veranderd.

Maria Toonen
Den Haag, 28 mei 2010

Met welk doel ben ik weer, in dit leven, geïncarneerd? Waarom heb ik mij op de Indische Oceaan tot conceptie laten verleiden, toen mijn ouders met tropenverlof per boot van het toenmalige Nederlands-Indië naar Holland gingen?

Nu, op respectabele leeftijd, kijk ik terug op mijn leven, en vraag me serieus af: 'heb ik het doel bereikt?' Ik herinner me, dat ik als meisje van elf jaar eens tegen iemand zei: 'ik wil in mijn leven heel veel weten en daarmee andere mensen helpen'. Was dat de herinnering aan een ver verleden? Vorige levens? Heb ik er nu toch nog wel iets van gemaakt, met die paar lezingen, bouwstukken, artikelen die ik geschreven heb, de contacten die ik had, mijn idealen? Ik maakte kennis met en was lid/studente van een aantal esoterische scholen, bij wie ik dankbaar hun kennis indronk en intussen, om iets terug te doen, me nuttig maakte. Later vertrok ik, teleurgesteld en soms met conflicten, omdat ik kennelijk nog niet rijp was voor een wijze verwerking van bepaalde situaties. Ik ontving een heleboel kennis en deelde die aan anderen mee, maar vroeg me af of de kwaliteit van mijn en hun leven daardoor echt beter werd? Miste ik iets? Mijn ideaalbeeld en de kennis en de extase stonden mijlenver af van de realiteit van mijn leven. Of heeft die Theosofe uit Californië toch gelijk gehad, toen ze me in 2002, in Zuid Afrika, vertelde, dat de drie jaren die ik in het Japanse concentratiekamp heb doorgebracht, bij velen zoals ik, een psychische beschadiging heeft aangebracht, en dat het zich daarin uit dat men in veel gevallen niet goed in staat is iets langere tijd achtereen vol te houden of af te maken. Volgens haar volgt er dan steeds een breekpunt en wordt de situatie na kortere of langere tijd verbroken. Ze mag dan wel gelijk hebben, maar ik nam haar opmerking niet zo serieus, omdat ik in mijn leven veel elkaar afwisselende situaties (werkkringen, huwelijken, lidmaatschappen van organisaties e.d.) heb gehad. Die betroffen echter langere perioden en ik zag ze niet als verdwaalde puzzelstukjes in de tijd. Integendeel, ik ben zelfs blij met die afwisseling, want het werkelijke leven is voor mij 'verandering', groeien, stromen, en niet iets dat 'op stilstaand water' lijkt.

Maar laten we het eens onderzoeken.

Een paar jaar voor de tweede wereldoorlog werd ik in het toenmalige Nederlands-Indië (nu Indonesië) geboren, in Semarang op Midden-Java, met, volgens mijn horoscoop: zon in Vissen, maan in Virgo en leeuw op de ascendant. Daar mijn ouders, Adelbert Toonen en Dorothee van Hof Hollanders waren, ben ik een totok, de bijnaam voor iemand die in Indië geboren is uit Hollandse ouders.

Na de invasie van de Japanners in 1942 werden mijn moeder, mijn jongere zusje, Marion, en ik met vele honderden vrouwen en kinderen in een Japans concentratiekamp, Lampersari, bij Semarang, ondergebracht. Mijn vader was krijgsgevangen gemaakt, na de invasie van de Jappen in 1942 na vier dagen strijd van het Hollandse en het Indische leger tegen de overmacht van het Japanse leger, en kwam in een concentratiekamp. Hij stierf vlak voor het eind van de oorlog, op 23 december 1944, in een Japans mannenkamp. Het moet in de buurt van Batavia (het huidige Djakarta) zijn geweest en daar is hij begraven. De Oorlogsgraven Stichting heeft het graf een paar jaar geleden niet kunnen vinden, omdat het geruimd bleek, en daarom heb ik mijn vaders naam laten opnemen in een gedenkboek van alle Nederlandse gevallenen in Indië.

Mijn zuster en ik herinneren ons niet veel van hem en wij groeiden in Holland op zonder vader. Zoals het geval is bij veel kinderen die vader of moeder moeten missen, is dit een zware aanslag op onze ontwikkeling van kind naar volwassene geweest. Mijn vader moet er, voor de oorlog uitbrak, een voorgevoel van hebben gehad. Van mijn moeder kreeg ik eens een door mijn vader beschreven bladzijde uit zijn notitieboek en tot op de dag van vandaag krijg ik tranen in mijn ogen als ik dit, op ons gezin helaas toepasselijk gebleken, gedicht van A. Roland Holst (uit: 'De ploeger') lees:

Mijn vader en moeder waren rond 1930 naar Nederlands-Indië gegaan om daar een toekomst op te bouwen. Ze gingen op Java wonen,
in Semarang. Ze werkten beiden, mijn vader als boekhouder bij een
handelsfirma en mijn moeder als assistent accountant bij een andere firma. Ze waren beiden muzikaal en mijn vader, die nog pianoles heeft gehad van de beroemde dirigent Eduard van Beinum, gaf
diverse malen, als goede amateur, pianorecitals voor de Indische
radio. Mijn moeder speelde prachtig viool en in het begin van de
kamptijd, toen de Jappen dat nog goed vonden, heeft ze vele malen
voor honderden vrouwen van het kamp Lampersari, bij Semarang,
concerten gegeven, op de piano begeleid door haar Amerikaanse
vriendin, tante Rhoda Jongsma, zoals we haar noemden.

Het kleine beetje wat ik me nog van mijn vader herinner is zijn liefde voor zijn twee dochters, zijn prachtige pianospel en zijn verhalen over de bijbel en Jezus Christus. Hij las mijn zusje en mij voor uit
de kinderbijbel en speelde piano voor ons. Dat was altijd een grote
gebeurtenis. Ik herinner me, dat wij altijd zeer ontdaan waren als
hij speelde en daarbij vertelde over een jong vogeltje, dat uit zijn
nest was gevlogen en daarna verdwaalde en het niet meer kon te-
rugvinden. We snikten het dan uit. Ook musiceerde mijn vader vaak
met mijn moeder, en dit is ons als een vage, lichtende herinnering
altijd bijgebleven.
Mijn zusje Marjolein werd eind 1938 geboren. Dat gebeurde ook in
het Sint Elizabeth Ziekenhuis in Semarang, een Rooms-Katholiek
ziekenhuis, waar de verpleegsters nonnen waren. Het was de gewoonte dat de nonnen, direct na de geboorte het kindje opnamen
en door de priester lieten dopen, soms zonder dat ze vooraf expli-
ciet toestemming van de ouders hadden gevraagd. Mijn vader, die

van huis uit Katholiek was en mijn moeder, die Protestant was, vonden dat echter best.

Mijn moeder vertelde later dat mijn vader in Indië, zoals we het huidige Indonesië noemden, had kennisgemaakt met de vrijmetselarij, en dat hij zich daarbij had aangesloten. Hij was er heel enthousiast over en nam het uiterst serieus. Zij kon dit niet met hem delen, want vrouwen werden toen niet in de loge toegelaten, zoals zij mij vertelde, en het was niet toegestaan om buiten de loge over de vrijmetselarij te spreken. Dat mijn vader vrijmetselaar was, heb ik me goed gerealiseerd, toen ik zelf veel later in mijn leven, in 1995, ook tot de gemengde vrijmetselarij toetrad.

Ons kleine gezin woonde voor het uitbreken van de oorlog in Semarang, in een huis met een grote tuin, die door de kebon (de tuinjongen) goed onderhouden werd. Het grasveld moest altijd geschoren zijn om de slangen weg te houden, en daartoe hielden we ook ganzen. Er was baboe Sis en nog een baboe om voor mijn zusje en mij te zorgen, er waren het kindermeisje, de djongos (de huisjongen) en de kokkie. De liefde die we die paar jaar voor het uitbreken van de oorlog van deze schatten hebben mogen ontvangen heeft ons, voor ons latere leven, een warme, innerlijke basis van onschatbare waarde meegegeven. Ik ben heel dankbaar voor deze gift van mijn moederland, het huidige Indonesië, toen mijn leven net begonnen was. Want in de jaren daarna, vanaf het uitbreken van de oorlog, zijn mijn zusje en ik heel wat liefde en veiligheid tekort gekomen. Dit was ook het lot van vele anderen, die vlak na de oorlog, als gerepatrieerden, berooid en zonder vader, moeder, broers en/of zusters, in Holland arriveerden.

Mijn vader heeft zijn liefde voor Jezus Christus al vroeg in mijn kinderhart geplant en het besef van die liefde, ook zijn liefde voor ons, is me mijn hele leven, onbewust en soms bewust, bijgebleven. Mijn ouders waren niet kerkelijk. Ik denk, dat ik een dromerig kind was en mijn vader was heel belangrijk voor me. Zijn overlijden is dan ook een catastrofe geweest, wat ik me al snel realiseerde. Ik herinner me, dat toen mijn moeder ons, eind 1944, in het Jappenkamp vertelde dat mijn vader overleden was, mijn eerste gedachte, als achtjarig meisje, was: 'pappa, dat mag dus niet, dat is niet voor mij', en ik voelde innerlijk iets dichtklappen, alsof een deur dichtging en in het slot viel. Ik schudde een beetje met mijn schouders, stopte deze waarheid diep in me weg en troostte mijn moeder met de woorden: 'mamma huil maar niet, pappa is nu toch in de hemel?' Mijn moeder knikte vaag. Mijn zusje snikte, maar ik had geen tranen, ik huilde niet.

Mijn hele leven lang heb ik niet kunnen huilen, wel heb ik vreselijke innerlijke pijnen en verdriet kunnen voelen, vooral bij mislukte of verbroken relaties en teleurstellingen, mijn innerlijke eenzaamheid, maar ik heb nooit kunnen huilen. Daarbij komt nog het 'assepoestergevoel', dat, ook ik, mijn leven lang heb meegedragen, evenals velen van mijn generatie uit de concentratiekampen, de kampkinderen. Je hebt geen of heel weinig gevoel van eigenwaarde; je hebt het gevoel dat 'niemand achter je staat' om je te steunen, hoe je leven ook loopt, want je vader was er niet, je bent het mooie, het bijzondere 'niet waard' en houdt het dan ook niet vast, je bent

geneigd er slordig mee om te gaan. Je vecht er niet voor. Een waar
'assepoester' gevoel.

Los van de kampervaringen, is onze generatie totoks 'de laatsten
der Mohicanen', want als wij allemaal dood zijn, is er na ons niemand meer die uit eigen ervaring kan vertellen over de goede
tijden, 'tempo doeloe', over ons thuis in ons prachtige en geliefde
moederland van toen, ons Indië.

In 1942 werden we in het Japanse interneringskamp Lampersari
ondergebracht en bleven er ruim drie jaar, tot eind 1945. Daarvoor
was mijn moeder, na de invasie van de Jappen in Indië en na het
vertrek van mijn vader, alleen met mijn zusje en mij in een huis op
Srondol, een berg boven Semarang, achtergebleven. De meeste Europeanen waren toen al vertrokken, hoe en waarom ze daar alleen
was is mij niet duidelijk, ik was te klein, en ze heeft dagenlang de
nachtmerries moeten meemaken van rampokkende (rovende en
moordende) inlanders, beneden ons, in hun kampongs (dorpen).
Die arme mensen waren na de landing van de Japanners totaal
buiten zinnen geraakt en maakten amok. Ze moordden, roofden,
plunderden, stichtten brand en schreeuwden aan een stuk door.
Ik herinner me dat nog. Later vertelde mijn moeder, dat ze, moe-
derziel alleen, in doodsangst het geschreeuw had aangehoord, de
brandende huizen had gezien, en wist: 'als ze naar boven komen is
het met ons gedaan'. Toen werd ze onverwacht en godzijdank door
iemand van het gouvernement opgehaald en lopend, met wat spul-
len op een kar, kwamen we het Jappenkamp Lampersari, een concentratiekamp voor vrouwen en kinderen, binnen. Er stonden veel
mensen langs de kant van de weg en mijn moeder heeft het achteraf wonderlijk gevonden, dat ik opeens wees op een opvallende
dame in een paarse jurk en pikzwart lang haar met pony, die daar
stond te praten, en ik zei: 'kijk eens, mamma, wat een rare dame'.
Het toeval wilde, dat deze Amerikaanse dame, tante Rhoda, haar
beste vriendin zou worden en haar, zoals ze later vertelde, tot een

grote steun was geweest en dat ze, zonder haar hulp en steun, die kamptijd nooit was doorgekomen.

We kwamen in een lange straat, Sompok, met sloten aan weerskanten van de weg, en kleine Indische, stenen huisjes. We hadden nog het geluk, dat we met z'n drieën een kamertje in zo'n stenen huisje kregen, op Sompok 90, want de huisjes in de andere buurten (Blimbing, Lombok en Manga) waren van hout, zoals de kamponghuisjes van de eenvoudige mensen. In ons huisje, bedoeld voor een gezin van vader, moeder en kind, woonden we tot het eind van de oorlog met veertig vrouwen en kinderen. Zelfs op de emper, een open gang met zicht op het erf, woonden vrouwen en kinderen. Iedere ochtend was er ochtendappèl en moesten we om zeven uur voor het huis staan, dan kwamen een paar Jappen langs, en moesten we voor ze buigen. Eens zag ik in de verte dat een zieke, ondervoede, vrouw, die buiten voor haar huis door haar verpleegster op een stoel was gezet, niet kon opstaan om te buigen. Een Jap liep naar haar toe en schreeuwde, dat zij moest buigen, maar ze was te zwak om op te staan. Toen gaf die Jap haar een klap. De grote, stevige vrouw, die haar verpleegde en naast haar stond, werd boos en gaf de Jap een klap terug. Nou, dat heeft ze geweten. Ze werd weggevoerd en drie dagen lang door de Kempetai, de Japanse SS gemarteld. Iedere ochtend sloegen ze haar totdat ze bewusteloos werd, een Japanse arts die er bij was controleerde dan of ze nog leefde, als dat zo was werd ze naar buiten gebracht om tussen grote houten balken gelegd te worden, de balken werden over haar heen gelegd, en dan lieten ze haar daar de hele dag in de brandende, tropische zon liggen. 's Avonds kreeg ze iets te eten, kon slapen en 's ochtends begon het mishandelen opnieuw, totdat de arts aangaf dat er gestopt moest worden, omdat ze bijna dood was, en dan werd ze weer naar buiten gebracht. Dit heeft drie dagen geduurd, ze heeft het overleefd, maar ze was nog maar een schim van wie ze daarvoor was.

Na mijn achttiende jaar, in Holland dus, had ik vaak nachtmerries dat ik weer in het Jappenkamp was en dat vliegtuigen recht op me af vlogen en bommen op ons gooiden. Er waren in werkelijkheid wel vliegtuigen over ons kamp gevlogen en hadden een doel achter en buiten ons kamp gebombardeerd, maar dat was ik niet meer.

Eens, ik was ongeveer achtentwintig jaar, kreeg ik weer diezelfde droom en toen viel er inderdaad een bom op ons huis en op mij en wij werden verpletterd. Maar nu het bijzondere: ik was dus plat-gebombardeerd, maar ik merkte opeens dat ik nog gewoon leefde, in mijn bewustzijn of zo. Ik keek in die staat om me heen en naar de puinhoop waarin ik mij bevond, en dacht 'is dat nou doodgaan, is dat alles?' Ik was naar mijn gevoel helemaal niet dood, maar fysiek wel degelijk! Die droom en die ervaring zijn me mijn hele leven bijgebleven, ze had me blij gemaakt, vooral het feit dat ik er nog gewoon was, zonder paniek of angst. Dat was heel leerzaam en gaf me, zoals ik later wist, informatie over het hiernamaals.

Mijn moeder had in het kamp al vrij snel werk gevonden bij de 'etens-uitdelingsdienst'. Iedere dag werd het eten voor de circa zevenduizend (hoeveel het er waren weet ik niet precies meer, mijn moeder was niet zo duidelijk hierover) vrouwen en kinderen in enorme kookpotten klaargemaakt, en dat moest dan ordelijk verdeeld worden. De vrouwen kwamen met hun rentangs (een houder met metalen schaaltjes op elkaar geschoven) naar de gaarkeuken om het eten te halen. Het woord 'eten' was na enige tijd niet meer van toepassing, want de tapiocapap, met die kleine glibberige, doorzichtige balletjes, waar normaliter lijm van gemaakt wordt, had weinig met 'voedsel' te maken. Die lijmballetjes kon ik niet door mijn keel krijgen. Ik weigerde het te eten en mijn moeder deed wanhopig haar best om tenminste nog iets bij mij naar binnen te krijgen. Mijn zusje kon het iets gemakkelijker naar binnen krijgen en dat vond ik wel knap van haar... Mijn moeder gaf ons zo goed mogelijk les in lezen, schrijven en rekenen, dat herinner ik me nog goed.

Tegen het eind van de oorlog, ik was ongeveer zeven jaar oud, drukte ik eens met een vinger in mijn been en zag dat er een kuiltje in het vlees bleef staan. Ik riep mijn moeder vrolijk toe: 'kijk eens, mamma, wat leuk, als ik met mijn vinger op mijn been druk blijven er kuiltjes zitten'. Mijn moeder was helemaal niet blij, want zij wist, dat dit het begin van berrie-berrie, hongeroedeem, was. De waterophoping begon in de benen en kroop dan omhoog, en als het je hart bereikte ging je dood. Dat wist ik toen ook. Het oedeem is uiteindelijk tot mijn buik gekomen en toen was de oorlog voorbij en kregen we beter te eten, althans ik neem aan dat het zo gegaan is. Ik herinner me nog de dag, dat er opeens vliegtuigen over ons kamp vlogen, waarop aan de onderkant de Nederlandse vlag was geschilderd. Opeens haalden de vrouwen uit allerlei hoeken en gaten hun, streng verboden, radio's tevoorschijn en luisterden naar het nieuws. Op het bezit van een radio stonden de hele kamptijd zware straffen.

Maar toen de oorlog voorbij was, was het voor ons nog helemaal niet voorbij. De kampen, die eerst waren opengegaan om mensen vrij te laten, gingen op een gegeven moment weer dicht voor de veiligheid, want de vrouwenkampen werden regelmatig aangevallen door z.g. heiho jongens. Opgestookt en opgeleid door de Jappen, wilden deze opgeschoten Indonesische jongens, van rond 18 jaar, hun vrijheidsstrijd tegen Amerika en Holland voeren. Ze vielen met horden de vrouwenkampen aan, luid 'dood aan Amerika' zingend en schietend, met als doel de vrouwen en kinderen uit te moorden. Iets dergelijks was inderdaad in een kamp niet ver van ons gebeurd. Ons kamphoofd, mevrouw van der Poel, kreeg het voor elkaar dat, een klein aantal, ik dacht minder dan tien, krijgsgevangen Jappen de opdracht kregen ons kamp te verdedigen tegen die honderden, door de Jappen opgestookte horden. Deze paar Jappen kregen de toezegging, dat, als het ze lukte de aanval van de horden af te slaan en ons te redden, ze na de oorlog zouden worden vrijgelaten en geen krijgsgevangenen zijn. Drie dagen lang werd er zwaar gevoch-

ten en het handjevol Jappen vocht als leeuwen. Het was bekend
dat Japanse soldaten goed konden vechten... Mijn moeder was erbij
toen op een gegeven moment de Japanse commandant bij mevrouw
van der Poel, kwam en zei dat het afgelopen was, de munitie was op.
Zoals mijn moeder vertelde, zaten ze een tijdje wanhopig bij elkaar,
in het besef dat het afgelopen was met ons. En toen opeens hoorden
ze in de verte vreemde geluiden, het leek tromgeroffel. Het bleek
een Engels garnizoen te zijn, dat door de Engelsen en Amerikanen
was gestuurd om ons te redden. Het was een compleet wonder.
Na de, zoals wij dat zagen, heldendaad van deze acht Japanners, die
zich, zoals mijn moeder ons vertelde, 'bijna doodgevochten hadden', hebben mijn moeder en wij na de oorlog nooit meer negatieve
gevoelens jegens Japanners gehad. Maar dit geldt niet voor andere
vrouwen en mannen uit de Jappenkampen.

Ik herinner me nog een wilde tocht in vrachtauto's vanuit ons kamp
naar de haven van Semarang, in 1945. We zouden met een Amerikaans troepentransportschip naar Batavia (Djakarta) gebracht
worden en daar in een kazerne worden ondergebracht, totdat we
naar Holland konden vertrekken. Samen met een aantal vrouwen
en kinderen van ons kamp werden we in zo'n legerauto naar een
troepentransportschip gebracht. Die vrachtauto's werden echter
regelmatig overvallen door rampokkers (rovers en brandstichters)
en heiho jongens, vooral als 'men' wist dat er Europese vrouwen en
kinderen in zaten. Korte tijd vóór ons was in Oost-Java een Engels
konvooi van een paar honderd vrouwen en kinderen uitgemoord.
Ook wij kregen het te verduren, we werden prompt aangevallen. Er
brak een vuurgevecht uit en de vrachtauto's reden slingerend, om
de kogels te vermijden, zo hard mogelijk door. Ik herinner me nog,
dat ik om me heen hoorde fluiten, waarschijnlijk kogels, en dat ik
dacht, acht jaar oud: 'wat doet iedereen toch gek'. We moesten op
de bodem van de laadbak gaan liggen om niet getroffen te worden.
Gelukkig bracht onze groep het er levend vanaf en werden we af-
gezet bij het Amerikaanse troepentransportschip. We kwamen te-

recht op het sloependek, waar mijn moeder ons met lange touwen aan de mast vastbond, want er waren geen relingen, zodat het voor kinderen gevaarlijk was. Er waren ook geen relingen op de rest van het schip en onderweg was er het drama van twee kinderen die overboord waren gevallen. Ik herinner me nog de gillende en huilende moeders, vanaf de kust de zoeklichten over het water en de paniek over de vele haaien. Vermoedelijk is het sinds die tijd, dat ik me nooit prettig voel op het water. Met mijn eerste echtgenoot, Andries , hadden we een zeilboot, maar zeilen is voor mij nooit een pretje geweest. Voor hem des temeer, want hij was een liefhebber en tijdens zijn studie was hij zeilinstructeur geweest op de Loos-drechtse Plassen; hij had altijd veel plezier als ik bij een beetje golf-slag paniekerig op de boot heen en weer schoof. Ik vond zeilen wel leuk, doch alleen bij een minimum aan wind...

We bleven van 1945-1946 negen maanden in een kazerne in Bata-via, het negende Bataljon geheten, die in de oorlog door soldaten gebruikt was. Ook daar werden we regelmatig van buiten het kamp af beschoten als we in de tuin waren, of op de emper (open gang) liepen. De extremisten zaten dan in een grote waringin boom, die iets buiten het gedèk (omheining) stond en als het schieten begon renden we zo hard mogelijk naar onze bedden en kropen daaron-der.
In maart 1946 kregen we een plaats op het met repatrianten over-volle koopvaardijschip De Bloemfontein. Onze vaart door het Suez-kanaal herinner ik mij nog goed, de woestijn om ons heen was heel bijzonder. Vier weken later arriveerden we in de haven van Amsterdam. Ik herinner me nog onze slaapplaatsen, britsen boven elkaar in het enorme ruim onder in het schip. Ik rende de trappen op om boven te luisteren naar het Wilhelmus, dat als welkom voor ons op de kade gespeeld werd, en dan rende ik weer naar beneden om warm te worden, omdat het buiten ondragelijk koud was. Onze Attaca-jasjes, die we tijdens een stop in Attaca, dat aan het Suezka-naal lag, hadden gekregen, waren niet echt warm.

We waren tijdens de oorlog alles kwijtgeraakt, ons geld, onze kleren en verdere bezittingen, en kwamen in Holland aan met alleen de Attaca kleren en onze paspoorten. We logeerden een paar maanden in Den Haag bij een zuster van mijn vader, totdat we een huis in het Statenkwartier hadden gevonden. Die buurt was in de oorlog spergebied geweest, dus leeggeruimd, en wij waren de eersten die daarna, met een paar familieleden uit Leiden, het huis huurden en betrokken. Mijn zusje en ik gingen naar een Lagere School in de buurt, in de van Hoornbeekstraat.

Het eerste wat mijn moeder aanschafte was een piano en mijn zuster en ik kregen direct pianoles. Het was, zei mijn moeder, de liefste wens van mijn vader geweest, dat M. en ik zouden leren pianospelen. We hebben dit altijd zeer serieus genomen en hebben ons ontwikkeld tot verdienstelijke (amateur)pianisten. Mijn zuster en ik bezitten nu allebei een vleugel en spelen regelmatig, ook samen met anderen. Met mijn moeder, die prachtig viool speelde, hebben we jarenlang muziek gemaakt en huisconcertjes gegeven, met daarbij ook blokfluit of dwarsfluit.

Via haar oude relaties bij de KLM kreeg mijn moeder daar al snel een baan en ontwikkelde zich tot een gewaardeerd internationaal financieel expert. Thuis werd nauwelijks over de oorlog gesproken, en helemaal niet over mijn vader. Dat heb ik later zeer betreurd, toen ik ontdekte dat er een hiernamaals bestaat en dat de overledenen niet vergeten moeten worden. Mijn moeder had kennelijk een streep onder het verleden gezet en wilde, of kon, hier niet meer over praten. Ze hield ons altijd voor dat, hoe erg je ook hebt moeten lijden, 'de geest overwint'. Hieruit haalde ze veel kracht en het is intussen ook mijn lijfspreuk geworden. We waren niet godsdienstig, maar wel gelovig en daarbij past deze spreuk goed.

Mijn zuster en ik deden een paar jaar later toelatingsexamen voor de middelbare school, de Meisjes HBS aan de Stadhouderslaan in Den Haag. De directrice van deze school was mevrouw Prins, die enige tientallen jaren later onverwacht een belangrijke rol in mijn geestelijk leven zou spelen. Haar man was de jongste broer van

Soefi Hazrat Inayat Khan, en in 1985 kwam ik in contact met de Soefi Kring in Den Haag. Maar daarover vertel ik later.

Van het Jappenkamp, ik moet toen zes tot acht jaar oud zijn geweest, herinner ik me nog vreemde beelden van een ontmoeting met een heel vriendelijke, statige man met een tulband die met me praatte en me geruststelde. Ik dacht een tijd lang, dat dit echt gebeurd was. Was het een droom? Of een halve droom, tussen waken en slapen? Aan het eind van de oorlog kwamen Gurkha's, Engelse soldaten, om ons kamp te bewaken tegen de aanvallen van de heiho jongens. Toen ik die getulbande mannen zag, ging ik prompt dagenlang op zoek naar die persoon uit mijn herinnering en bekeek nauwkeurig alle Gurkha's die ik maar kon vinden. Door hun tulbanden, kon ik ze gemakkelijk van de andere soldaten onderscheiden. Helaas heb ik die ene aardige man met de tulband, nooit teruggevonden. De Gurkha's zagen er veel ruiger uit en leken niet op het mooie voorkomen van de man met wie ik gepraat had. Later is dit beeld bij me teruggekomen, toen ik in 1964 in Italië kennismaakte met de Theosofie, en over de Mahatma's van de Himalaya hoorde, over de meesters Morya en Koot Hoomi.

Ons leven in Holland kwam op gang en na de lagere school gingen we naar een middelbare meisjesschool in Den Haag. Mijn moeder, die een carrière bij de KLM had opgebouwd, was de hele dag op haar werk, en het leek haar wel veilig om ons op een meisjesschool onder te brengen. Hierdoor zouden er hopelijk geen 'problemen' met jongens komen. Het nadeel was, dat onze moeder altijd afwezig was en dus niet 'met de thee op ons zat te wachten als we uit school kwamen'. Zij probeerde het met huishoudsters en werksters, en ik herinner me een Poolse huishoudster, die flink door ons geplaagd, achter ons aan zat met emmers water, die ze leegsmeet als we net door de deur de gang in glipten. Wij werden niet nat, maar het behang droop.

Na ons eindexamen en toen we ons volwassen leven begonnen, hadden we dus nauwelijks ervaring met mannen, buiten de keurige danslessen bij Ruby Dorani in Den Haag. Ik wist niets van en over mannen en daar heb ik heel lang grote moeilijkheden door gehad. Je zou kunnen zeggen, dat het beeld van onze vader, zo belangrijk voor een opgroeiend meisje, bij mij overschaduwd werd door het beeld van meppende Jappen. Het beeld van de man had voor mij altijd iets vijandigs en tot laat in mijn leven was ik een beetje bang voor mannen met sterke persoonlijkheden, hoe aardig ze ook waren. Hun energie was voor mij bedreigend, een soort fysieke dreiging en dat is nog steeds zo. Behalve als ze tegemoetkwamen aan mijn behoefte aan vaderlijke liefde en bescherming. Maar ook daar ben ik niet gelukkiger door geworden, het heeft me wel heel wat nuttige lessen opgeleverd... Langzamerhand begon ik het dus door te krijgen.

In mijn puberteit, bij de dansles en op de tennisclub, voelde ik me aangetrokken tot jongens die iets zachts en vriendelijks uitstraalden. Ik zag er goed uit, en bevond mij later, door de aard van mijn werk als boekhouder/administrateur, meestal tussen mannen. Op den duur hield ik me in zo'n omgeving echter niet goed staande, omdat ik de onderlinge 'mannenspelletjes' op zakelijk gebied, meestal niet door had. Mijn werk heb ik altijd met veel inzet en plezier gedaan, en daar kon men niet veel tegen doen. Maar als er, om allerlei redenen, zoals jaloezie of omdat ik een vrouw was, geïntrigeerd werd, was ik meestal de verliezer. Mijn lage zelfbeeld, de assepoester uit het Jappenkamp, waarvan ik me heel lang niet bewust was, was gunstig voor mijn tegenstanders.

Vermoedelijk als gevolg van de Jappenkamptijd, en bepaalde psychische beschadigingen die we daar toch wel opgelopen hebben, had ik weinig moeite met het beëindigen van relaties of vriendschappen. Ondanks mijn sociale activiteiten, mijn baan, en mijn werk in clubs en besturen, zocht ik de eenzaamheid. Ik had dan het gevoel dat ik 'eindelijk rust had' en het leven vanuit mijn eigen perspectief kon zien. Dit eigen perspectief bestond tot mijn veertiende jaar uit fantasieën over kleine mensjes, kabouters en elven die ik, buiten in de natuur, volgde bij hun manier van leven. Ook kon ik, meestal overdag, op mijn bed liggend, verzinken in een dromerige sfeer, zonder in slaap te zijn. Dan maakte ik psychisch van alles mee, zoiets van verhalen en beelden uit oude, vreemde tijden, die vanuit het universum naar mij toe leken te komen. Mijn denken was dan als een leeg projectiescherm voor het opvangen van inspirerende kennis en beelden, misschien wel voor een waarneming van lang vervlogen tijden... Die sfeer was er.
Die eenzaamheid, of misschien wel 'alleenheid', ontaardde vaak in een zelf gecreëerde, innerlijke 'gevangenis', waarin ik mij een tijdje opsloot om me voor de buitenwereld te beveiligen. Hoe dit werkt heb ik pas veel later begrepen, want deze drang heb ik nog steeds en ik moet er op verdacht zijn, dat ik mij niet te veel afzonder, want

dat kan minder leuk uitpakken. Ik ben, in feite, dol op gezelligheid, en die vind je niet in je eentje. Ik had, vooral in mijn tienerjaren, veel angsten, die op mijn zeventiende en achttiende jaar tijdelijk nogal grote vormen hebben aangenomen. Ik leerde mezelf echter om met die angstaanvallen om te gaan, en ontdekte dat je net kunt doen of de angst 'iets' is, waarmee je kunt onderhandelen en met wie je afspraken kunt maken, zoals: vannacht wil ik slapen, kom morgen maar weer terug.

Innerlijk bleef ik zoeken naar een mogelijke ontsnapping uit de teleurstellende dagelijkse beslommeringen en misverstanden. Nu formuleer ik het zo: het aardse leven is een zich, voor iedereen, steeds weer herhalend proces, alsof je in een draaimolen zit, waaraan je, in deze driedimensionale wereld, onderworpen bent. Het is als een soort gevangenis, waar je ook nog door allerlei plakkerige slierten met alles en iedereen verbonden bent. Als je je best doet om deze slierten van je af te gooien, heb je je bevrijd en wordt de wijde, helderblauwe lucht weer zichtbaar. Een immense opluchting! Het grootste geluk dat je kunt hebben is iemand te ontmoeten,

die vanuit die wijde lucht probeert te leven, en met je wil communiceren. Je beseft dan die grootse vrijheid, die in ons besloten en,
vooral, opgesloten is, en waar we ons helaas zo weinig van bewust
zijn. Voor de mensheid is de grote illusie van het aardse leven, dat
we niet merken dat het leven gewoon een draaitol is, met steeds
weer dezelfde plus en min ervaringen. Eigenlijk zocht ik, toen al in
mijn puberteit, half bewust naar God, ik wist dat Hij me zou bevrijden. Nu, achteraf, constateer ik tevreden, dat de aanvallen van het
leven mij er nooit echt 'onder' gekregen hebben, en dat ik, als onkruid, altijd weer 'opveerde' en vol verwachting het avontuur van
het leven opnieuw tegemoet ging.

Vanaf mijn zestiende jaar kreeg ik steeds meer interesse voor spirituele onderwerpen en ik ontdekte de boeken van Paul Brunton,
die spirituele deuren voor mij openden. Het eerste boek dat ik van
hem las was 'Geheim Egypte', een land dat al enige tijd een grote
aantrekkingskracht op mij uitoefende. Toen ik een jaar of veertien
was, had ik eens een onvergetelijk meisjesboek gelezen, dat: 'In de
schaduw van piramiden' heette. Dit boek had mij enorm aangesproken. Ik voel zelfs nu nog de opgewonden stemming die ik bij het
lezen voelde, alsof ik me iets heel waardevols herinnerde en het
oude Egypte kende. Ik voelde iets van geheimen, prachtige mensen, door zonovergoten bouwwerken en prachtige gebeurtenissen,
kortom: ik wilde daar naartoe. Dat is er in 1990 pas van gekomen,
maar toen was ik in een heel ander Egypte, niet dat van toen. Uit
Paul Brunton's boek 'De Yogi's van India', maakte ik gebruik van de
ademhalings- en ontspanningstechnieken, die door die yogi's beoe-
fend werden, en probeerde het lijden van een vriend, die aan een
fatale botkanker leed, hiermee te verlichten.

Weer teruggaand naar die tijd herinner ik me de jaren van de lagere school, de middelbare school, opleidingen en cursussen en in 1956 ontmoette ik op de tennisclub H.S.T.C. (Haagse Studenten Tennisclub) een Delftse student, Andries.

Hij studeerde natuurkunde, met als specialisatie reactorkunde. Een woelige twee jaar volgde, vol leuks en conflicten, met een verloving die ik een paar keer verbrak, maar die, mede door de bemoeienis van mijn moeder en het manipuleren van Andries zelf, steeds weer 'aan' raakte. Op 18 augustus 1958 trouwden we toch maar. De nacht voor het huwelijk kon ik niet slapen en toen dat even lukte droomde ik dat iemand tegen me zei, 'rustig maar, het duurt niet langer dan zes jaar'. Nou dat bleek op de dag af te kloppen, zoals later bleek. Nadat hij, een jaar later, zijn studie had voltooid, zei ik mijn baan als secretaresse/assistente materiaalbeheer bij een Amerikaans ingenieursbureau op, en in 1960 vertrokken we naar Italië. Hij was als natuurkundige in dienst gekomen bij Euratom in Ispra, aan het Lago Maggiore.

Op 14 mei 1961 werd onze zoon Edwin in Den Haag geboren, in het huis van mijn moeder, omdat we nog geen vaste woonplaats hadden. De dagen na de bevalling was ik in extase. Ik voelde, dat de Moedergodin van de Aarde bij me was en ik besefte dat ik als vrouw het toppunt van mijn leven had bereikt: ik had een kind gebaard en Zij steunde me. De extase duurde enige dagen. Edwin was een feest voor zijn vader en mij en ik wist, dat ik in mijn leven alles voor hem over zou hebben. De kraamverpleegster leerde me hem te verzorgen. Het was een grote opluchting toen hij eindelijk wat kon zeggen, want dan wist ik of alles goed met hem was.

We woonden in een dorpje, Caldana, in een grote ouderwetse, typisch Italiaanse villa met een door hortensiastruiken omzoomde oprijlaan, zo'n dertien kilometer van Ispra. Ik zorgde voor mijn zoontje, speelde serieus piano, want we hadden in Ispra, tot mijn grote vreugde, een Rösler babyvleugel gekocht. Ik maakte olieverfschilderijen, las veel uit onze gevarieerde boekencollectie en genoot van de prachtige natuur. We hadden geen televisie, want die kwam toen nog maar net op de markt, althans in ons deel van Italië. Vrienden hadden er een, en soms konden we daar een film zien, zoals toen mijn pianoleraar Mozzati een concert gaf. Maar ik dacht altijd: 'wie kijkt er nou naar zo'n oninteressant kastje'. Ik besef nu, dat die drie jaar in Italië, de natuur, de kunst, het beleven van een grote liefde, in de jaren daarna een soort matrix is gebleken voor mijn innerlijk leven. Er was veel muziek in ons huis, grammofoonplaten van pianoconcerten, de prachtige mis van Schubert, de muziek van Bach, zijn concerten voor twee piano's en orkest, mijn eigen pianospel en nog veel meer...

Tegenwoordig luister ik niet zo veel meer naar klassieke muziek, en ik schaam me een beetje dat ik nu zoiets heb van: 'dat weet ik allemaal wel'. Ik speel wel veel piano, want in 1985 had ik in Holland van mijn spaargeld een prachtige vleugel gekocht, een Feurich, die ik als redelijk goede amateur bespeel.

Toen, in Caldana, vond ik in onze boekenkast, een interessant boek, dat nog van mijn vader geweest was en dat mijn moeder, zelfs in de oorlog, zorgvuldig bewaard had en samen met een dik boek over J.S. Bach uit Indië had meegenomen, het heette 'De Grote Ingewijden' van Eduard Schuré. Hierin wordt het leven van de stichters van de verschillende godsdiensten beschreven en ook het leven van Jezus. Dit boek sleepte me spontaan en zonder dat ik dat had kunnen voorzien, mee naar mystieke niveaus met schitterende uitzichten en kosmische vergezichten. Speciaal het verhaal over Jezus raakte me heel diep. Ik beleefde mijn eerste mystieke ervaringen en had op een gegeven moment een ervaring, die ik later, tijdens mijn Theosofische studies, benoemd zag als 'samadhi'. Ik geraakte enige ogenblikken in een verheven sfeer van licht, volmaakte harmonie en evenwicht, alle tegenstellingen waren weggevallen. Er was even een beeld van zeven grote lichtwezens, die belangrijk leken te zijn voor het universum en voor de mensheid, alsof ze die beschermden en leidden. Toen ik terugkeerde in mijn gewone bewustzijn voelde ik me als een vogel die uit de eindeloze ruimte terugkeerde in zijn benauwde, te kleine kooitje, en ik snakte letterlijk naar adem. Ik was beduusd en wist niet wat me overkomen was. Mijn hart reikte intens naar Jezus Christus. Ik probeerde het anderen te vertellen, maar stootte voortdurend mijn hoofd, want men begreep het niet en verklaarde het als een prettige gestoordheid.

Caldana lag op ongeveer 600 meter hoogte en vanaf ons huis konden we het Lago Maggiore zien. De schoonheid van het land en onze omgeving, de artistieke spiritualiteit die je om je heen voelde, heeft voor de rest van mijn leven een stempel van verlangen naar innerlijke schoonheid en een soort geestelijke nostalgie op me afgedrukt. Nadat ik weer terug in Holland was, heb ik nog jarenlang heimwee gehad naar die oude Italiaanse villa met het torentje. Er was daar een soort 'akasha' ontstaan, een sfeer van inspiratie, spiritualiteit en schoonheid. Andries beleefde dat kennelijk niet zo. Hij leidde zijn eigen leven en hield zich bezig met zijn werk bij Euratom en met zijn technische hobby's, hij verzamelde allerlei werktuigen om te knutselen en had in de ruimte naast de keuken een uitgebreide werkplaats ingericht.

We waren in het begin van de zestiger jaren van de vorige eeuw, met de andere Europeanen in Euratom, Europese pioniers, want de EEG, met toen nog maar vijf lidstaten, was niet lang daarvoor, in de vijftiger jaren, opgericht. Dit was het begin van een 'verenigd Europa' en ons leven was eigenlijk nieuw en vol belofte. De streek rond Ispra was primitief en eenvoudig, maar schilderachtig en dromerig. In de loop der jaren is dat wel heel anders geworden, volgebouwd en materialistisch. Het spreken van de diverse talen met onze Engelse, Franse en Duitse kennissen, ook in het Italiaans, ging me steeds beter af en ik genoot van de contacten, het vrije leven in de schilderachtige omgeving, de opperste, tot tranen brengende, schoonheid van een herder met zijn kudde schapen op een eenzame weg in de buurt van Caldana, met op de achtergrond de bergen en de ondergaande zon boven het Lago Maggiore. Met gemak raakte ik in een sprookjesverhaal als ik 's middags, als Edwin zijn middagslaapje deed, in het schilderachtige, Italiaanse dorpje ronddwaalde en de dorpelingen bezocht, die me altijd hartelijk ontvingen en met wie ik over alles en nog wat praatte. Wat ze mij vertelden over hun leven stond ver van me af, maar raakte het werkelijke leven, dat was aards, hard en positief, sterk en met zachte sympathie. Sommigen waren, in die tijd, nog nooit verder dan Milaan geweest, ze waren wijs en de gesprekken waren leerzaam en interessant voor me.

Vermoedelijk omdat mijn man natuurkundige was, raakte ik geïnteresseerd in de boeken van en over Albert Einstein (Mein Weltbild), astronomie en filosofie, Teilhard de Chardin e.a. In Caldana draaide ik de hele dag grammofoonplaten, speciaal luisterde ik naar de Mis van Schubert en het pianoconcert in c van Mozart. Deze muziek raakte me heel diep en bracht me regelrecht in hemelse sferen. Ik genoot van mijn zoontje, maar heb kennelijk, ondanks onze goed bekend staande Italiaanse huisarts, niet kunnen verhinderen dat de Hollandse kinderarts, die hem in juli 1964 in Den Haag onderzocht, hem als tropenkindje bestempelde, dat flink wat stevige Hollandse kost nodig had. Hij was toen drie jaar oud en had net het drama van zijn gebroken been achter de rug. Die had hij opgelopen in de Euratom crèche, toen ik daar een tijdelijk baantje had. Ik heb er toen voor moeten boeten, dat ik tegen mijn zin in bij Euratom ging werken. Andries had daar krachtig op aangedrongen, maar ik wilde niet, omdat Edwin nog te klein was en ik vond dat ik er voor hem moest zijn. Onder protest heb ik het baantje aangenomen, maar met deze gevolgen. Het was een heel nare tijd. Ik begrijp dus de opmerking van de kinderarts.

Toen, in de jaren zestig (1961-1964) verslechterde de relatie met Andries weer, we groeiden steeds verder uit elkaar. Hij was, op zijn manier, dol op Edwin. Hoewel de situatie thuis niet gemakkelijk was, kon ik die aanvankelijk wel aan. Ik was nogal passief bij de problemen, ik accepteerde het, en Edwin en ik droegen 's winters in ons ijskoude huis, de temperatuur was dan 15 graden, drie truien en twee lange broeken over elkaar heen om warm te blijven. Ik was te jong, te onervaren, te naïef, te argeloos, te emotioneel, ik nam domme risico's, ik kon Andries niet aan en zat vol zelfbeklag over hem. Hij had misschien meer een moeder nodig dan een echtgenote, en eigenlijk had ik ook meer een vader nodig dan een echtgenoot.

Ons driejarig verblijf in Caldana is van groot belang voor me geweest. Ik had daar de belangrijkste visioenen van mijn leven. Of misschien waren het wel dromen of dagdromen... Ik had voorspellende dromen en ontving daarin antwoord op spirituele vragen. Ik herinner me dat ik me afvroeg hoe het zat met geesten en spoken, waarop ik prompt droomde dat ik in een Frans paleis rondliep en diverse mannen en vrouwen tegenkwam, in achttiende-eeuwse kledij, die mij echter niet opmerkten. Er werd tegen mij gezegd (door wie of wat weet ik niet): 'deze personen hebben een paar honderd jaar geleden bestaan, en wat je nu ziet zijn 'projecties uit het verleden', wat voor alle verschijningen van overledenen geldt', dus ik moest er geen belang aan hechten. Ik vond deze uitleg heel interessant, want dit onderwerp was totaal nieuw voor me. Het stelde me wel gerust, want ik was vaak alleen met Edwin in die grote, vrijstaande villa, want Andries maakte vaak reizen naar Amerika, om zijn ouders op te zoeken, zakenreizen naar Holland, naar het hoofdkantoor in Brussel e.d.

Toen 'droomde' ik, dat ik me in een bergstreek van een ver land bevond, en dat ik daar, in een vertrek, een paar mannen ontmoette die aan een tafel zaten. Het waren geen gewone mensen, ze hadden iets heel sterks en iets heel moois en iets heel bijzonders. Ik scheen

ze te kennen en was me er vaag van bewust dat dit een heel bijzonder bezoek was, want voor één van hen knielde ik en boog eerbiedig mijn hoofd. Ik weet niet wie die persoon was, maar hij was
vast heel belangrijk. Ik scheen ze te kennen.In een andere droom,
of in die staat tussen dromen en waken, ontmoette ik een heel mooi
mens, een man, die mij naderde en me vriendelijk aankeek. Ik zag
zijn gelaat duidelijk, hij had een tamelijk lange neus, niet zo'n hoog
voorhoofd, donker haar en een enigszins ronde haarinplant en iets
van een baardje. Hij keek me met lichtbruine ogen liefdevol aan.
Toen werd er gezegd (ik weet niet door wie of wat): 'dit is: goedheid, liefde en wijsheid'.
De volgende morgen vertelde ik Andries en mijn vrienden opgetogen, dat ik in mijn droom zo'n prachtige man had ontmoet, dat ik
verliefd op hem was geworden. Maar zodra ik dat zei, drong het tot
me door dat het woord 'verliefd' hier niet op zijn plaats was. Het
was iets anders, liefde op een ander, een hoger niveau, voorzover
ik mij dat toen, 26 jaar oud, kon voorstellen. In latere jaren, na mijn
kennismaking met de Theosofie en het Soefisme, werd het me allemaal veel duidelijker.

Deze, en andere, dromen en gebeurtenissen zijn in mijn leven een
leidraad gebleken, die me, bij mijn latere avonturen en ervaringen
op spiritueel en menselijk gebied, een sleutel gaf voor het hanteren
van allerlei situaties. Die sleutel is te omschrijven als een, niet altijd
bewust, diep vertrouwen in het hogere, dat op een gegeven moment zelfs het vertrouwen in de spirituele leraren die ik ontmoette,
oversteeg. Ik wist dat er steeds weer momenten zouden komen,
waarop ik de bepaalde waarheden en de structuur ervan kon 'zien',
of 'doorzien' en dat oversteeg het 'weten', de kennis. Hoewel ik hen
altijd dankbaar ben geweest voor de specifieke kennis die ik van
hen ontving, keerde ik daarna altijd weer terug op mijn eigen weg,
richting het onbekende en onverwachte.

Die drie jaren in Italië zijn ook op artistiek gebied belangrijk geweest en het bleek, dat ik daar ook anderen heb kunnen inspireren. Een paar jaar later ontving ik in Holland een uitnodiging van oude vrienden uit Italië, Jan Aalte, voor een expositie van zijn schilderijen en die van zijn dochter, ergens in Nederland, als ik het me goed herinner in Friesland. Hij schreef, dat zij, dankzij mij, in Caldana met schilderen waren begonnen, en ik had hen door mijn schildersactiviteiten geïnspireerd en het voorbeeld gegeven. Nu hadden vader en dochter bereikt, dat zij samen hun werken tentoonstelden! Ik was heel blij voor ze, maar legde de uitnodiging naast me neer, want ik hield me op dat moment met heel andere dingen bezig.
Ik nam in die tijd pianoles in Milaan van een, via vrienden gevonden, Italiaanse concertpianist, hij heette Mozzati. Ik was al een redelijk goede amateur, want vanaf mijn tiende jaar heb ik pianoles gehad.

Toen gebeurde er iets heel bijzonders. Ik had, op een dag in oktober 1963, pianoles in Milaan, dat ongeveer 50 km van Caldana ligt, en was in mijn rode Fiat 500, samen met mijn zoontje, op weg gegaan. Ik zou hem, tijdens de pianoles, achterlaten bij Italiaanse vrienden, de familie Molinari, die dol op hem waren. Tijdens mijn les begon het in Milaan te misten en in Italië kan dat een ontoegankelijke brij worden. Toen ik mijn zoon had opgehaald en in mijn auto wilde stappen, was het zo erg geworden dat ik geen hand voor ogen meer zag. Ik wilde in mijn auto stappen en toch maar proberen om die avond (het was ongeveer acht uur 's avonds) thuis te komen. Wat moest ik anders? Ik was niet bang, en toch realiseerde ik mij dat ik in die auto moest stappen en vertrekken, en dat dit risicovol was. Opeens kwam er een onbekende heer uit de mist tevoorschijn, hij liep naar me toe en vroeg beleefd waar ik heen moest. Ik antwoordde, dat ik richting Varese moest en toen zei hij vriendelijk: 'Ik moet ook die richting uit, rijd maar achter me aan, dan breng ik u naar de autostrada.' Ik nam zijn aanbod blij aan en volgde een tijdlang de achterlichten van zijn auto, verder zag ik niets door de dichte mist.

Op een gegeven moment trok de mist wat op en herkende ik de op-
rit naar de autostrada. Hij stopte langs de kant van de weg, ik wuif-
de dankbaar naar hem en reed de autostrada op. Ik heb nog heel
vaak gedacht, hoe dit toch kon gebeuren, werd ik soms beschermd,
waar kwam die heer toch zo plotseling vandaan? Hoe wist hij, dat ik
door de mist een groot probleem had? Het was op dat moment een
probleem voor wel duizenden Milanezen!
Tijdens diezelfde rit had ik ook nog een flinke slippartij op de natte,
slecht geasfalteerde, bergweg vlak voor Caldana, maar daar kwamen we goed doorheen. Vermoedelijk dankzij mijn carrière op de
skelterbaan in Varese, waar ik met hoge snelheid had leren schui-
ven en slippen. Maar die dag leek het wel of we beschermd werden.
Is dat niet prachtig...

Ongeveer een jaar voordat ik naar Holland terugging, dus in 1963, gonsde het in Euratom dat er een skelterbaan was gekomen bij Varese en dat die zeer in trek was bij de Euratomers en de Italianen in de regio. Nou, wij gingen ook eens kijken. En op een dag, ging ik na enig aandringen van Andries en een vriend, in een skelter zitten, hoewel ik er weinig in zag. Dat ding kon 120 km per uur rijden en ik werd vooraf door een mannetje goed geïnstrueerd over de techniek. Ik reed weg en voordat ik het wist racede ik over de baan. Ik kreeg het goed te pakken. Ik was bijna iedereen te snel af en kreeg, tijdens het racen, zo nu en dan aanwijzingen van Italiaanse beroepsrijders, die als reclame voor grote firma's reden, en die me precies aanwezen hoe ik mijn concurrenten van me af kon houden, dat was o.a. door mijn hete uitlaat in hun zij te drukken! Die uitlaat zat aan de zijkant van de skelter. Als echte Italianen vonden die knullen het wel leuk, dat een jonge vrouw iedereen voorbij sjeesde. Enige tijd later werden de kampioenschappen van Varese gehouden, en laat ik daar nou kampioen worden. Ik kreeg een mooie medaille en Andries had goed de p. in, want na die tijd plaagden zijn collega's hem er wel eens mee. De, toen Nederlandse, directeur van Euratom, een professor die Andries nog uit Delft kende, zei tegen zijn gezelschap als ze Andries tegenkwamen: 'Daar heb je de man van mevrouw Alt...' Ik vond het wel een goeie mop, maar Andries niet.

Op een dag, het was begin 1963 herinner ik me, stond ik op de oprijlaan van onze villa en toen schoot mij de gedachte te binnen, dat deze jaren van relatieve, innerlijke en uiterlijke rust binnenkort voorbij zouden zijn. Het was alsof ik opeens aanvoelde, dat deze drie jaren een afgeronde periode in mijn leven zouden zijn en dat mij woelige tijden te wachten stonden. Ik herinner me, dat ik even nadenkend stil stond en toen met overtuiging 'ja' zei, ik aanvaardde het. Inderdaad vertrok ik op 4 juli 1964 per vliegtuig met mijn zoon naar Holland en wist toen nog niet, dat we niet meer zouden terugkeren.

Op een dag vond ik in onze boekenkast een boek over diverse geestelijke stromingen, en las vol belangstelling over Rozenkruisers, Vrijmetselaars, Soefi's, Theosofen, Mormonen, en andere groeperingen. Ik ontdekte al gauw dat ik Helena Petrovna Blavatsky, de stichteres van de Theosofie, een verrukkelijk mens vond. Ik genoot van haar avonturen, haar nogal wilde jeugd, haar wonderbaarlijke contacten met geestelijke Meesters in de Himalaya, haar inzet bij het schrijven van de, voor een deel, door haar Meester gedicteerde boeken over Theosofie (de Geheime Leer), haar oprechtheid. In het najaar van 1963 besloot ik inlichtingen in te winnen bij de Theosofische loge in Amsterdam, vond het adres en ontving al spoedig daarna, nota bene binnen drie dagen (en dat was in die tijd onwaarschijnlijk snel voor ons gehucht boven het stadje Varese), antwoord uit Holland, met allerlei gegevens, over Theosofische loges en bibliotheken in Italië.

In juliIn juli 1964 (Amerikaanse Independence Day notabene) vertrokken Edwin en ik met het vliegtuig (KLM tickets door mijn moeder opgestuurd) naar Holland en ik startte, na langdurig overleg met familie, een echtscheidingsprocedure, tw. van tafel en bed, waarna Andries een tegeneis indiende. Uiteindelijk hebben wij allebei onze echtscheiding toegewezen gekregen, waarbij Andries een bescheiden bedrag aan alimentatie voor zijn zoon en mij moest betalen, waarmee ik akkoord ging. Ik ging direct op zoek naar een parttime baan, zodat ik zoveel mogelijk bij mijn driejarige zoon kon zijn en dat is me gelukt! Mijn leven op mijn eigen benen kon beginnen! Ik was 27 jaar.

Tijdens de daarna volgende jaren in Holland is de spirituele inspiratie, die ik in Caldana beleefde, weggevallen, waarschijnlijk door de noodzaak zelfstandig in het leven te staan, mijn kostje te verdienen, voor mijn zoontje te zorgen en hem zo goed mogelijk op te voeden, zodat hij zijn kwaliteiten kon ontplooien. Tot mijn vijfenveertigste jaar volgde ik diverse opleidingen, zoals boekhouden, management en bedrijfsrecht en uiteindelijk werd ik boekhouder/administrateur bij een jeugdhulpverleningsinstelling. En mijn talen hield ik goed bij: Engels, Frans, Duits, Italiaans en later wat Russisch.

Ik heb veel nagedacht over de grillige wendingen van het lot. Ik heb vastgesteld, dat ik in feite nooit 'slachtoffer' ben geweest van de omstandigheden, maar altijd zèlf de verantwoordelijkheid heb gedragen, omdat ik zèlf de keuzes deed. Het komt erop neer, dat je interpreteert wat er gebeurt en zelf bepaalt of en hoe te reageren. Dus geen gelamenteer achteraf. Krishnamurti zei: 'Never react'. Iedere keer weer merk ik hoe waar dit is en hoe nuttig de karaktertraining is, als gevolg van de zelfdiscipline bij het niet reageren, en vooral de groeiende wijsheid! Het is onterecht om je later te beklagen of anderen de schuld te geven. Misschien klinkt dit nogal 'flink', maar als ik bewust wil leven, moet dit feit onder ogen worden gezien. Natuurlijk betekent dit ook, dat je zelfkennis moet ontwikkelen, en dat je moet afleren om jezelf in alles maar 'toe te geven' en 'gelijk te geven'. Daarbij komt, dat er voor alles een tijd is, de juiste tijd, en in die zin volgen we, als een stromende rivier, de gemakkelijkste bedding. De loop van de rivier arrangeert het 'juiste moment'. Onze vrije wil hebben we altijd, en die gebruiken we wanneer we kiezen voor 'de manier waarop'. Bij deze ontwikkeling van het karakter probeer ik bewust en creatief te leven en niet terug te vallen in de grauwe sferen van pessimisme, spijt, schuld en mismoedigheid. Maar dat viel helemaal niet mee...

Toen ik op 4 juli 1964 in Holland was aangekomen, pakte ik al spoedig het telefoonboek om de Theosofische Vereniging op te zoeken en zag een naam: D.J.P. Kork en een telefoonnummer. Ik belde direct. Zo kwam ik terecht bij het Theosofisch Genootschap, waarvan de heer Kork de leider was.
Ik bezocht de lezingen over Theosofie en was verrukt over wat ik hoorde. Hij vertolkte de Theosofische leringen en ik wist steeds weer: 'ja, dat is wáár, dat is helemaal waar!' Ik hoorde over planetaire ronden en rassen, over de grote godsdiensten van de wereld,

over 'Geen Godsdienst hoger dan Waarheid', over karma en reïncarnatie, over India en de Meesters van Wijsheid, over de Meesters die via H.P. Blavatsky de Theosofie in de wereld hadden gebracht: Morya en Koot Hoomi, over de zevenvoudige samenstelling van de mens, en het onderscheid tussen het sterfelijke deel en het onsterfelijke deel, over exoterie en esoterie (de innerlijke en de uiterlijke kant van de godsdiensten), over het verschil tussen het pad van de linkerhand en het pad van de rechterhand, dit alles was van onschatbare waarde voor mij. Het gaf mij de sleutel tot het ontwikkelen van mijn onderscheidingsvermogen, en ik leerde hoe belangrijk dat is, het is de belangrijkste(!) voorwaarde voor spirituele ontwikkeling. Ik miste geen enkele lezing van de heer Kork. Ik leerde over Oosterse religies, over leven en dood, mysteriescholen, inwijding in de mysteriën, de universele broederschap der mensheid, de geestelijke evolutie van de mens ('de tempel van de Heer wordt niet met handen gemaakt en geen geluid wordt gehoord') en de kosmos, over Theosofie en Occultisme en Esoterisch Christendom en vele andere zaken. Ik maakte kennis met de Geheime Leer. In een Theosofisch studieclubje in Amsterdam kregen we een 'wegwijzer' voor het lezen van dit indrukwekkende boek. In geen geval moet het in de normale volgorde worden gelezen, maar in een bepaalde volgorde van hoofdstukken en onderwerpen, kris kras door het boek heen, dan ga je er misschien iets van begrijpen en overzie je het een beetje. De leringen waren een openbaring voor me, en vanaf de eerste lezing van de heer Kork wist ik, dat ik 'thuis' was gekomen. De kennis sprak mij enorm aan en klonk me zelfs bekend in de oren. De puzzelstukjes vielen op hun plaats en mijn honger naar kennis werd gestild.

Ik kreeg prettige, persoonlijke contacten in het Genootschap, en mijn vrienden en vriendinnen daar hielpen mij door de zware en onzekere tijd van mijn echtscheiding heen. Het was een traumatische tijd, want mijn echtgenoot gebruikte zwaar geschut tegen me, omdat hij ervan uitging, dat ik hem financieel wilde uitkleden. Een

ongegronde angst, zoals later bleek en dat had hij, als hij me beter had gekend, kunnen weten. Enig sadisme was hem echter niet
vreemd. Het was voor mij, als naïeve twintiger, allemaal zeer angst-
aanjagend. De heer Kork wist echter van tevoren precies hoe deze
zaak zou aflopen en hij verzekerde me steeds, dat de uitkomst niet
in mijn nadeel zou zijn, en daar heeft hij gelijk in gekregen. Men
heeft mij enorm gesteund, en daar zal ik ze altijd dankbaar voor
zijn.

In 1964 werd ik officieel lid van het Theosofisch Genootschap, beter
gezegd: de Theosophical Society Point Loma, California, en ik raakte goed bevriend met de heer Kork en zijn vrouw. Vanwege mijn
achtergrond en ervaring werd ik al gauw lid van het bestuur van
de loge Den Haag en ik hielp hem graag met het opstellen van zijn
schriftelijke cursussen ('Anders Denken', 'Het grote Misverstand',
'De Juwelen van Wijsheid'), die, nu nog steeds door het Theosofisch Genootschap gebruikt worden.

Achteraf gezien had mijn ontmoeting met de heer Kork grote betekenis. Ik was nog te jong en te onwetend omtrent esoterische zaken
om te beseffen, dat hij een 'geestelijk leraar' voor me was. Hij was
door zijn voorganger, William Hartley, aangewezen als diens opvol-
ger, tw. als internationaal leider van de Theosophical Society Point
Loma. Kork was een jeugdig uitziende, tamelijk onopvallende, bijna
kleurloze man van vijftig jaar met indringende ogen. Hij werkte als
ambtenaar bij de gemeente Den Haag. Mijn moeder vond hem nogal
burgerlijk, waarmee ik het helemaal niet eens was, want zijn kennis
van de Theosofie en zijn lezingen waren indrukwekkend en hij gaf
mij het geestelijk voedsel, waar ik naar snakte. Hij wist de moeilijke
Theosofische leringen in gemakkelijk te begrijpen taal over te brengen en daardoor was het voor de meeste mensen niet alleen kennis,
maar ook een 'karakter', dat hij overdroeg. Dat karakter was zacht
en vriendelijk. Hij had een groot gevoel voor humor. In die tijd ver-
gezelde ik hem, met een paar anderen, wel eens op een rondreis

langs steden in Duitsland en Nederland, om daar in de Theosofische loges lezingen te houden en zo de Theosofie meer bekend-
heid te geven. Hij nodigde mij uit om mee te gaan, want hij wilde
me aan een aantal mensen voorstellen en me introduceren als een
veelbelovende, 'coming woman' voor de Theosofie. Hij verwachtte
veel van me en dit is in de loop van mijn leven vaker bij esoterische
groeperingen gebeurd. Als ik dat merkte, trok ik me altijd direct in
mezelf terug, want ik achtte me niet in staat om aan die verwachtingen te voldoen.

Het was onvermijdelijk, dat we een te persoonlijke band kregen en
dat conflicten op de loer lagen. Het duurde dan ook niet lang, of
ik moest concluderen, dat ik mijn idealen ten aanzien van mensen
moest bijstellen, en dat ik naar mezelf moest 'terugkeren'. Er kwam
een verwijdering.

Eind 1965, nadat in Den Haag de echtscheiding uitgesproken was,
stelde Andries voor dat we het samen toch nog een jaar zouden
proberen. Die mogelijkheid wilde ik wel onderzoeken, want we
waren toch een gezinnetje en ik gaf nog wel om hem. In die tijd
werkte hij bij Euratom in Brussel, en zodoende vertrokken we met
ons drieën, begin 1966, naar een mooie flat in de wijk Audergem
in Brussel. Toen ik in september 1966 weer naar Den Haag terugkeerde, omdat het experiment in Brussel geen ontwikkelingsmoge-
lijkheden bood, vervolgde ik nog enige tijd mijn betrokkenheid bij
het Genootschap.

In die tijd schreef ik, gesteund door de heer Kok, een paar artikelen in het tweemaandelijkse blad, Theosofisch Leven, waarbij ik
geen blad voor de mond nam. In maart 1967, ik was toen 30 jaar,
werd mijn eerste artikel gepubliceerd, getiteld: 'Gedachten van iemand die de Theosofie bestudeert'. Daarin filosofeerde ik, nogal
(of misschien wel èrg) eigenwijs, over theorie en praktijk van de
Theosofische leringen, over het gevaar van dogmatisme, arrogantie
en goedgelovigheid, over de grote betekenis die gehecht werd aan

Theosofische kennis en spitsvondigheid, waarbij de wijsheid van alledag, ook wel 'common sense' genoemd, wel eens over het hoofd leek te worden gezien. Ik was van mening, dat de ware Theosofie niet was bedoeld voor hen die hongerden naar intellectuele kennis, de 'nieuwsgierigen', de consumenten van boeken, maar voor hen die het ware spirituele leven wilden leren kennen, die de moeite wilden nemen om te 'worden', en uiteindelijk te 'zijn'. Een 'innerlijke school' dus: om de kennis over en van zichzelf en het universum te verkrijgen, en het in praktijk brengen van deze kennis, het is strijd, het is de kwantumsprong naar een nieuw bewustzijn, een nieuwe zijnsvorm. Het perspectief van de Theosofie was het verheffen van het bewustzijn naar het budhisch niveau (hiermee wordt niet het Boeddhisme bedoeld), naar het niveau van het Christusbewustzijn. Theosofie wordt gezien als de synthese van godsdienst, wetenschap en wijsbegeerte, en was zeker niet louter academisch bedoeld. Dat wist de heer Kork heel goed over te brengen en hij heeft veel mensen daarmee in hun groei geholpen.

Een jaar later werd mijn artikel 'Geloof, Kennis en Waarheid' gepubliceerd, over het innerlijk ontwaken van de mens en de weg op zoek naar God. Over de gevaren en de valkuilen die hij ontmoet, over de noodzaak van het ontwikkelen van onderscheidingsvermogen en innerlijke kracht. Ik concludeerde, dat onder Waarheid verstaan moet worden, datgene, dat zuivere kristal, dat ons innerlijk in beweging brengt, dat ons tot zoeken brengt en waar we ons nauwelijks een voorstelling van kunnen maken. Ik gaf aan, dat die Waarheid, die ons tot dat zoeken drijft, het beeld is van het Volmaakte, van God, een beeld dat we diep in ons hart bewaren, waar we intuïtief iets van vermoeden, maar dat erg moeilijk bewust te vinden is. Ik gaf aan, dat dit volgens mij alleen gevonden kan worden via de mens in zijn gehéél en niet door zijn of haar afzonderlijke aspecten, zoals het denken en het voelen. Met mens in zijn gehéél bedoelde ik: in datgene dat hij *denkt*, *doet* en *is*, en ik verwees naar de *weg* van Jezus Christus, die naar het doel leidt. Die weg was, volgens mij, de groei van een onbewust geloof naar een bewust geloof, naar een zijnstoestand, naar eenheid met God. Jaren later zou ik de mystieke 'innerlijke school' van Soefi Inayat Khan ontmoeten, die mij nog meer op de innerlijke weg zou brengen.

In 1965 volgde ik een zeer inspirerende cursus astrofysica bij het, toen nog bestaande, Haagse Planetarium. Tijdens de lezingen, bij prachtige muziek, draaide de sterrenhemel boven ons hoofd rond, en zag men duidelijk de posities van de sterrenbeelden, de (voor mij) mystieke sfeer van het universum met de Melkweg en andere sterrenstelsels, en ik verlangde ernaar om los van de planeet Aarde te komen en het universum in te vliegen.

Ik begon ook prompt aan een schriftelijke cursus astrologie bij het Pelman Instituut in Leiden en hield me daar een paar jaar intensief mee bezig. Mijn leraar complimenteerde me voor de wijze waarop ik de planeetstanden 'duidde' en dat stimuleerde me. Hij gaf aan, dat dit het belangrijkste en moeilijkste deel van de astrologie is. Later heb ik veel plezier gehad van deze basiskennis van de astrologie, en ik vulde mijn kennis regelmatig aan door incidentele cursussen en workshops. Ik kreeg meer kijk op mezelf en ook op anderen. Ik heb echter nooit de behoefte gevoeld om de horoscoop van anderen te trekken, dat liet ik liever over aan 'professionele' astrologen. Ik leerde van de heer Kosman, mijn docent, dat men om een goede astroloog te zijn, een innerlijke scholing van bewustwording moet hebben ondergaan, en dat men minstens vijftig jaar serieus astroloog moet zijn geweest, om met recht 'astroloog', in de ware zin van het woord, genoemd te kunnen worden. Hij gaf aan, dat dit een groei van karakter vereist, groei naar innerlijke volwassenheid. Een 'oppervlakkig' denkend mens, in de zin van hoofdzakelijk leven in relatie tot het maatschappelijke en sociale leven, zal nooit de diepe kennis van de astrologie, de zo belangrijke 'duiding' van de planeet-standen, kunnen doorgronden.

Ik was ongeveer vier jaar actief in het Theosofisch Genootschap en die tijd bracht ik door met studie, bestuurswerk en discussiegroepjes. In het gewone, 'profane', leven had ik een parttime baan gevonden als boekhoudster, zodat ik thuis bij mijn zoontje kon blijven. Mijn moeder steunde me en was altijd bereid op hem te passen. Ik werd lid van een tennisclub, waar ik een paar jaar later mijn tweede echtgenoot, Herbert, zou ontmoeten.

Ik wist, dat de heer Kork hoopte dat ik mij volledig zou wijden aan het werken voor de Theosofie, want hij had vastgesteld, dat ik verbindingen met de geestelijke meesters van de Theosofie had. Door allerlei ontwikkelingen en verwikkelingen in mijn leven raakte ik echter steeds minder betrokken bij de activiteiten in en rond het Genootschap. Ik groeide ervan weg, omdat ik uit wilde gaan, tennissen, leuke mannen ontmoeten, op het strand liggen, leuke kleren kopen, mijn eigen geld verdienen, enz.

Ik kreeg het benauwde gevoel, dat men een spirituele betrokkenheid van mij verwachtte, waar ik nog niet aan toe was. Daarbij had ik mijn praktische, dagelijkse verplichtingen en was verantwoordelijk voor de opvoeding van mijn zoontje.

Een paar jaar geleden, rond 2006, vertelde een goede astroloog, hij heette Patrick van Haag, me iets leerzaams. Hij had uit mijn horoscoop geconcludeerd, dat ik in mijn vorige incarnatie, door het uitvoeren van een opdracht van anderen, heel veel voor de mensheid had gedaan. In mijn huidige incarnatie moest de spirituele kennis echter uit mijzèlf komen, moest ik aan mijn eigen bewustwording werken en niet meer de boodschap van anderen uitdragen. Na een periode van pijnlijke misverstanden en onvermijdbare gebeurtenissen, nam ik in 1970 afscheid van het Genootschap, maar zeker niet van de Theosofie!

De kennismaking met de Theosofie zou gedurende mijn verdere leven van groot belang zijn. Het gaf me inzicht in de samenstelling van de kosmos en van de mens, ik maakte kennis met de universele wetmatigheden die aan alles ten grondslag liggen, en het mystieke aspect (William Quan Judge: 'Go within', 'Ken U-zelve') zou me steeds helpen bij het vinden en inslaan van de, voor mij, 'juiste' richting.

In de zeventiger jaren brak een heel andere tijd aan. De heer Kork zou gezegd hebben: 'Maria gaat in obscuratie' (wat spiritualiteit betreft) en ik leidde een prettig en sportief leven met mijn vriend, Herbert, die in april 1973 mijn (tweede) man werd. Hij trok bij mij in, hij was elf jaar jonger en hij wist niet wat hij met zijn leven aan moest. Hij was net uit dienst gekomen en had last van pijnlijke kloven in zijn vingers en een paar andere kwalen, zoals hooikoorts. Hij speelde gitaar en ik begeleidde hem op de piano. We speelden liedjes van Simon en Garfunkel, en hij bracht het samen met een vriend tot een talentenjacht van de TROS televisie, waarin ze eigen gecomponeerde liedjes zongen met gitaarbegeleiding. Ze werden tweede, na Tineke Schouten, de tegenwoordig bekende cabaretière.

Ik vond het fijn om samen met hem een leven op te bouwen, ons te ontwikkelen, te leren en te ervaren. Een jongere man is voor mij altijd het meest 'draaglijke' gebleken. De verhouding tussen mijn zoon en Herbert was niet bepaald goed en er werd veel ruzie gemaakt. Ze waren kennelijk jaloers op elkaar en ik moest regelmatig de een na de ander tot de orde roepen. Hun leeftijdsverschil was 13 jaar. Na de scheiding van Herbert en mij in 1989, zestien jaar later, werden zij warempel goede vrienden en zij zijn het nog steeds. Ik gun het mijn zoon, want van zijn eigen vader, Andries, heeft hij niet veel plezier beleefd, wel veel verdriet en frustratie.

Herbert was een uitstekend tennisser en wij wonnen samen nogal wat prijzen en bekers, maar dat kwam door zijn topvorm, niet door mijn tenniskwaliteiten, want ik was bepaald geen topper. We maakten tweemaal per jaar grote reizen, door Marokko, door Griekenland, Engeland, Schotland e.d. en we gingen regelmatig met zijn drieën naar de wintersport.

Ik was inderdaad, vanuit spiritueel standpunt gezien, een tijd 'in obscuratie'.

In 1975 en 1976 bezochten Herbert en ik, op mijn initiatief, de beroemde commune Findhorn Foundation in Schotland, bij Inverness. We ontmoetten daar Peter en Eileen Caddy, de stichters van de commune, die beroemd zijn geworden vanwege hun spirituele manier van leven en het op spirituele basis beoefenen van land- en tuinbouw. Hun contact en relatie met de natuur had b.v. een reusachtige kool opgeleverd, die nogal wat publiciteit in en buiten Engeland had gekregen. Zij vertelden dat ze leringen ontvingen van een geestelijk wezen, dat Limitless Love and Truth heette, waarover de Amerikaanse New Age schrijver David Spangler een aantal boeken schreef, zoals: 'Revelation: the Birth of a new Age'. Hij schreef over de geboorte van een nieuw tijdperk, dat zich zou onderscheiden door het uitbreidend bewustzijn van de mens. Hij richtte zich in het bijzonder tot de Christelijke, westerse mens, die in staat zou zijn door een nieuwe visie een nieuwe, op spiritualiteit en universele broederschap gebaseerde, wereld te scheppen. Door meditatieve training en een vernieuwd denken zou hij in contact komen met de hogere werelden. Deze hogere werelden zijn gebieden van *bewust zijn* met een verschillend trillingsgetal, waardoor zij onzichtbaar zijn voor onze vijf zintuigen en het aardegebonden bewustzijn. Dit contact overstijgt het 'mediumschap' van voorheen en schept bemiddelaars, tolken van de hogere kennis, dat niet zal worden ervaren als komend uit een bron buiten ons, maar uit ons eigen denken en ons eigen hart. David Spangler betoogt, dat in dit Nieuwe Tijdperk de mensen steeds minder leiding buiten zichzelf zullen zoeken, maar dat zij zullen ontdekken dat de geestelijke wereld met ons samenwerkt door ons eigen denken, onze eigen verbeeldingskracht en onze intuïtie. Het Nieuwe Tijdperk was in het begin van de zeventiger jaren bij esoterici een 'hot topic' en verkondigde de Kosmische Christus en de wederkomst van Christus.

We ontmoetten in Findhorn tientallen mensen van diverse nationaliteiten, en we leerden veel van het contact met hen. Zij straalden speelsheid, zachtheid, vrolijkheid, intelligentie en openhartigheid uit. Je kon heel prettig met hen communiceren en het leven was licht, blij en spiritueel. Ze oefenden zich in het concentreren van hun bewustzijn op, wat zij noemden, het Hoger Zelf. Ik dacht, dat ze daarmee hun ziel bedoelden.

Op doorreis in Schotland, verbleven wij daar beide keren ongeveer een week.

Herbert vond Findhorn wel leuk, maar was minder geïnteresseerd in de esoterische aspecten dan wel in de leuke meisjes. Nou, dat mocht van mij...

In die zeventiger jaren zocht ik ook de antroposofen op en maakte kennis met de euritmie. Ik nam deel aan een cursus en ervoer wat deze bewegingen doen met ziel en geest. Ik vond het prachtig, evenals de lezingen en andere activiteiten in hun centrum. Maar al snel vond ik het nogal cerebraal en las thuis de boeken van Rudolf Steiner, met name die over het verkrijgen van bewustzijn in de hogere werelden.

Ik bezocht korte tijd een studiegroepje in een huiskamer aan de Carel van Bylandtlaan, waar een zekere ingenieur Ekkers, net begonnen was met het verspreiden van de leringen van Gurdjieff. Ik kan me nog herinneren, dat hij op een avond vertelde, dat het voor hem een enorme eye opener was geweest, toen hij inzag, 'dat de mens, in feite, niets te maken heeft met, dus volkomen losstaat van, de actie en reactie van anderen, want dat die uitsluitend tot de verantwoordelijkheid van die ander behoort'. Je kunt zo'n reactie dus langs je laten afglijden en hoeft het niet op jezelf betrekken, je hoeft er geen pijn van te hebben. Ik moest hierbij denken aan Krishnamurti's woorden: 'don't react'. Ekkers zei, dat dit inzicht een enorme op-

luchting en bevrijding voor hem had betekend, en dat hij dus de
negativiteit van een ander nooit op zichzelf hoefde te betrekken of
zich schuldig hoefde te voelen. In ons groepje bromde men iets in
de trant van de onvermijdelijke, doch m.i. onterechte, calvinistische
schuldbewustheid, 'ja maar, dat is toch onaardig...' Hij wees deze
zwakke tegenwerping echter resoluut van de hand. Ik vond die stu-
dieavonden erg interessant, maar het was op den duur voor mij iets
te zwaar filosofisch. Ik was kennelijk nog niet toe aan Gurdjieff. Dat
zou in de toekomst, 1992, veranderen, toen ik 'de drie Russen' ontmoette. Waarover later.

In 1983 en 1984 volgde ik een tweejarige cursus aura- en chakra-
healing, waar Herbert, mijn echtgenoot, grote bezwaren tegen had,
'want', vond hij, 'door deze training zullen we uit elkaar groeien'. Hij
had het gevoel, dat deze ontwikkeling, ons leven op de helling zou
zetten. In die opleiding zou ik leren met mijn energieën om te gaan
en dat was inderdaad ingrijpend. Zijn voorgevoel bleek juist. Een
vriend op mijn werk, Peter Eberhardt, kwam ons in die tijd, met zijn
vriendin Roseanne, bezoeken om te proberen Herbert los te weken
van zijn protesten. Nou, dat deden ze zo goed, dat Herbert een paar
jaar later, in 1989, bij Roseanne introk en met haar trouwde. Hij had
het dus warempel goed gezien!

Het ging inderdaad al een paar jaar niet zo best met Herbert en
mij, we groeiden uit elkaar. Ons leven had voornamelijk bestaan
uit sport, reizen, onze praktische ontwikkeling en studie. Dat was
allemaal okay. Hij had een aantal opleidingen gevolgd, zoals per-
soneelszaken en management, en was steeds beter in zijn vel gaan
zitten. Hij begon carrière te maken en was nu personeelsmanager
bij Akzo. Wij communiceerden echter steeds slechter met elkaar:
er was steeds minder begrip en loyaliteit naar elkaar toe, maar wel
veel irritatie. Ik wilde midden jaren tachtig eigenlijk al scheiden,
maar omdat hij dat toen niet wilde, wist ik dat ik voorzichtig moest
zijn, want dat hij dan zijn dreigementen zou uitvoeren en mij mate-
rieel te grazen nemen. Ik had zelf ook een goede baan. Ik besloot de
gang van zaken aan het lot, aan karma, over te laten en rustig af te
wachten. Anders zou mij een hard juridisch gevecht wachten. Want
hij was, net als Andries, gek op geld en nogal gierig. Het lot heeft
deze situatie prachtig opgelost: Roseanne bezocht hem op zijn
werk, liet weten hoe ze over hem dacht en hij dook met stille trom

onder zijn nieuwe paraplu. Hij is dan ook als een welgesteld man bij mij vertrokken (spaargeld, huisje in Friesland, aanschaf garage), op de trap schreeuwend 'dat ik geen cent van hem zou krijgen'. Nou, dat was geen probleem, ik had mijn eigen werk en inkomsten.

Intussen had ik heimwee naar India, naar de Theosofie en de spiritualiteit van het Verre Oosten. In 1983 had ik een lezing bijgewoond van Soefi Pir Waseem Khan, de oudste zoon van de Soefi Meester Hazrat Inayat Khan, hij sprak mij buitengewoon aan. Hij maakte een zeer erudiete indruk, sprak zestien talen, strooide inspirerende soefi leringen als manna over ons uit en, hoewel hij geestelijk hoofd was van de Soefi Orde, maakte hij ook de praktische indruk van een zakenman. Ik dacht letterlijk: 'zo wil ik ook worden'.

Toen hoorde ik toevallig, dat de Soefi Kring een drieweekse rondreis in India zou maken langs de heilige plaatsen van de diverse godsdiensten. Ik belde het hoofdkwartier in Den Haag en vroeg of ik mee mocht, ondanks het feit dat ik geen lid was van de Soefi Kring. Ik werd uitgenodigd voor een gesprek met de reisleider Amid Kort, en daarna mochten Herbert en ik aan deze reis deelnemen.
Begin 1984 vertrokken we met een dertigtal soefi's: Hollanders, Engelsen en Noren, voorzover ik mij dat herinner. Amid was een fantastische reisleider en vanuit New Delhi bracht hij ons naar Agra, waar de Taj Mahal staat, Bodh Gaya, waar ik zowaar onder de Bodhi boom heb gezeten, waaronder Gautama de Boeddha verlicht werd, Rishikesh aan de rivier Ganges, de heilige plaats van de yogi's, Katmandu met zijn speciale tempels, in New Delhi bezochten we o.a. het huis waar Inayat Khan gewoond en gestorven is, en vele andere heilige plaatsen. We leden ontberingen tijdens het reizen, werden ziek, mediteerden en praatten met elkaar. Hij wist erg veel af van die plaatsen en over de Indiase culturen. Ik herinner me, dat deze reis een fantastische ervaring voor me was, doch niet voor Herbert, want die was voortdurend ziek.

Na afloop van deze reis ontmoette ik, tijdens een terugkeer party, en dertig jaar na mijn middelbare school, de toenmalige directrice van mijn school: mevrouw Prins. Amid had mij over haar verteld, en ook dat zij de vrouw van de jongste broer van Inayat Khan was geweest. Die heette Muzaffar Khan. Ze was nu murshida, een geestelijk lerares, van de Soefi Kring. Ik groette haar uiterst verlegen, want ik wist dat ik me op de middelbare school niet bepaald voorbeeldig had gedragen. Ik zei haar, dat ik me daar nog steeds voor schaamde, maar ze lachte en antwoordde dat het echt niet zo erg was geweest. Ze nodigde me uit voor een gesprek. Dat gesprek zou pas veel later plaatsvinden, want ik was bezig met een cursus aura- en chakra-healing, en er waren allerlei zaken die me bezighielden, zodat ik er niet toe kwam haar op korte termijn te bezoeken.

Ik ontdekte de opleiding 'Intuïtieve Ontwikkeling', ook wel genoemd 'Aura- en chakrahealing', die twee jaar zou duren, het eerste jaar in Den Haag en het tweede jaar in Utrecht. Mijn docenten, Maggy Wishaupt en Martin McCuskey, hadden gestudeerd aan het Berkeley Psychic Institute in Californië.
Met 'intuïtief' werd bedoeld het onderzoeken van de eigen energieën in de aura en de werking van de chakra's. Ik was ermee bezig,

omdat ik wilde ontdekken hoe ik als mens in elkaar zat, hoe mijn energieën werkten in het dagelijks leven, met anderen, door welke krachten ik werd aangedreven? Zou ik inderdaad andere mensen kunnen genezen? Hoe kon ik de ware vrijheid vinden?

We hadden om de twee weken les en moesten in de tussentijd praktische oefeningen doen, want het ging er uiteindelijk om: hoe voel en 'zie' ik het en hoe breng ik het in praktijk? De opleiding was het eerste jaar gericht op (zelf)hulp en (zelf)genezing. Het ontwikkelen van 'helderziende'vermogens was geen doel op zich, doch kon het gevolg zijn van een natuurlijke, geestelijke ontplooiing. 'Helder zien'werd niet als iets bijzonders beschouwd, doch meer als het resultaat van het schoonmaken en verfijnen van de innerlijke en uiterlijke zintuigen. Het doel van de cursus was om door inzicht te leren hoe we ons konden bevrijden van verkrampingen en conditioneringen, die ons hinderden om 'helder te zien', en onszelf te worden. We leerden ons los te maken van de psychische overheersing door andere mensen, ideologieën e.d. We zijn ons meestal niet bewust van deze overheersing, en als je goed oplet zie je dat er uiterst weinig mensen zijn die echt 'op hun eigen grond' staan. De meesten worden door hun omgeving gemanipuleerd zonder dat ze daar erg in hebben, omdat ze eigenlijk niet weten wie ze zelf zijn. We kregen uitgebreid inzicht in de samenstelling van de mens, het energieveld door en om ons heen, en hoe het te reinigen. We leerden innerlijk de kleuren van de aura en de chakra's van onszelf en van anderen te zien, en dat lukte mij als ik mijn ogen enigszins sloot. Ik vond het grappig dat, voordat de oefening begon en er om ons af te stemmen, een astrale 'kleurenwaaier' in de groep werd 'gegooid' en die zag ik innerlijk duidelijk als ik mijn ogen sloot. Het zag eruit als een kleurenwaaier voor verven. We kregen oefeningen in visualisatie en imaginatie, om de uitstraling van anderen, ook van planten, bomen en dieren met de energie van onze handen te voelen en innerlijk te onderscheiden. We leerden de werking en de betekenis van chakra's te ervaren. Halverwege de cursus stopte ik even, want het leek of oude angsten weer de kop opstaken. Ik wist niet of dat te maken had met de oefeningen van de cursus. Na een telefoontje met de cursusleidster, Maggy, ging ik een tijdje later weer naar Utrecht. Ze stelde me gerust, dat deze kwaaltjes zouden verdwijnen als ik geleerd had mijn energie goed door mijn lichaam te laten stromen.

Toen gebeurde er iets interessants.
Vlak voor het einde van deze cursus had ik thuis, vroeg in de middag, de meditatie oefeningen van de cursus gedaan en was op weg naar mijn werk, naar het Sweelinckplein in Den Haag. Ik liep over de Frederik Hendriklaan naar mijn werk en opeens had ik het gevoel dat mijn geest verscherpte, dat ik intens helder kon waarnemen en toen ik naar de mensen op straat keek, viel het me op dat ik, met een gevoel van liefde, dwars door ze heen keek. Ik vond alle mensen heel mooi. Ik dacht: 'De mensen moesten eens weten hoe prachtig ze zijn, dan zouden ze niet zo somber kijken... ' Het was een bijzondere, innerlijke staat en een eindje verderop, bijna bij mijn werk aangekomen, dacht ik: 'dit moet ik aan mevrouw Prins vertellen en vragen, wat er met me aan de hand is, wat deze ervaring betekent ...'
En zie, links van me verscheen opeens een dame uit een zijstraat, ze ging vlak voor me lopen, zo'n drie meter voor me. Ik zag met ongeloof, dat het mevrouw Prins was. Ik dacht: 'wat is dit voor een raar toeval' en liep op haar af en tikte haar op de schouder. Ze keek om en ik groette haar en vertelde, dat ik net aan haar dacht en hoe verbaasd ik was haar juist nu te zien, terwijl ik net bedacht had, dat ik een belangrijk onderwerp met haar wilde bespreken. Ik vertelde haar, zo midden op straat, wat ik had meegemaakt. Was ik opeens helderziend geworden? Ze lachte een beetje en reageerde of mijn ervaring de gewoonste zaak van de wereld was. Ik werd wat kalmer en toen zei ze: 'Dat was je hartchakra, die ging open Maar nu moet je me toch maar eens snel komen opzoeken. Ik woon hier, om de hoek, op de Banstraat'. We liepen samen verder tot voor mijn werk en ik vertelde haar over de cursus aura- en chakra-healing en dat ik

die af wilde maken, voordat ik haar kwam opzoeken. Het was nog maar een paar maanden. Maar daar was zij het helemaal niet mee eens, merkte ik tot mijn verbazing. Ze gaf aan, dat ik moest stoppen met die cursus, want dat die mij zou beschadigen. Maar ik bleef koppig, als altijd, bij mijn besluit om de cursus af te maken.

Een paar weken later bezocht ik haar; er was ook een Noorse Soefi aanwezig, die ik kende van de India-reis. Een heel aardige, fijnzinnige man. We gingen met z'n drieën om de tafel zitten en ik moest vertellen over mijn aura- en chakracursus, en dat deed ik met groot enthousiasme. Doch mijn toon zakte steeds meer, naarmate ik tot mijn verbazing merkte, dat zij helemaal niet blij met mijn verhaal waren. Ik probeerde het nog wat te preciseren, want ik dacht, 'het kan toch niet waar zijn, dat ze hier boos om zijn?' Nou, zo erg was het niet, maar ik kreeg wel vermanende woorden te horen, over de psychische gevaren die ik liep bij deze cursus en dat ik daar zo snel mogelijk mee moest stoppen. Ze zeiden dat ik bezig was met het forceren van mijn psyche, en dat dit heel onaangename gevolgen kon hebben. En ook dat het Soefisme leerde, dat deze ontwikkelingen geleidelijk aan dienden te gebeuren, via meditatie, een zuivere handelwijze en studie van de leringen van Inayat Khan, en dat ik door deze cursus mezelf beschadigde. Ik luisterde beteuterd, maar liet toch ferm weten dat ik de cursus wilde afmaken, omdat, als ik iets begon, ik het ook afmaakte. Het gesprek ging nog even voort en toen ging ik naar huis. Ze vonden me vast heel erg eigenwijs. Ik heb die cursus inderdaad afgemaakt en heb er later lezingen over gegeven bij de Vrijmetselaars en de Theosofen. Ik had niet de indruk, dat de cursus me beschadigd had. Ik ben altijd voorzichtig geweest en stortte me niet in onbekende of riskante situaties en oefeningen. Ergens kun je zo'n risico wel aanvoelen en dan is het aan jezelf om te beslissen of je zo'n risico wilt nemen. Ik dus niet.

Eind 1985, half december, gingen we met een groep Soefi's, weer onder leiding van Soefi Amid Kort, op rondreis door Turkije. Het einddoel was Konya, waar we op 17 december, de geboortedag van Rumi, de ceremonie van de dansende derwisjen zouden bijwonen. In die tijd was deze ceremonie nog niet vercommercialiseerd en het waren meestal ware spirituele meesters, die de ceremonie uitvoerden. De ceremonie werd oogluikend door de Turkse overheid toegestaan, maar lange tijd hebben de derwisjen 'ondergronds' geleefd, dus zo onopvallend mogelijk en hadden beroepen als schoenmaker, kleermaker, e.d. Ook mijn echtgenoot Herbert ging mee op deze reis, hoewel niet van ganser harte, want hij had niet veel belangstelling voor spirituele zaken. Dat liet hij helaas niet onopgemerkt, bij mij noch bij anderen in de groep.

Een van de prachtige ervaringen, aan het begin van de reis door Turkije, was het bezoek aan Izmir en Efese, de plaats waar Maria, de moeder van Jezus, verzorgd door de apostel Johannes, haar laatste jaren heeft doorgebracht. Kort geleden heeft Paus Benedictus XVI, tijdens zijn officiële bezoek aan Turkije, deze plek nog bezocht. Het ligt boven in de bergen en is werkelijk een heilige plaats. Dit voel je aan de sfeer. Er is een klein gerestaureerd huisje met een altaar, gewijd aan Maria, en als je daar binnen bent en je keert in jezelf, voel je een gouden geluksgevoel, alsof je aura omhoog getrokken wordt. De plaats is een bedevaartsoord voor Christenen en Moslims en is inmiddels door drie pausen bezocht. De sfeer is lieflijk en koesterend en ik had er wel uren in meditatie kunnen doorbrengen. In Efese is ook het graf van de apostel Johannes.

Bij aankomst in Konya, troffen we in ons hotel (een moderne wolkenkrabber) een groot, gevarieerd gezelschap van oosterlingen en westerlingen aan! De sfeer in de drukke ontvangsthal van het hotel had iets heel speciaals: open, warm en dynamisch. Er was een verbondenheid als van een grote internationale broederschap en iedereen sprak met iedereen, bekend of onbekend, en er werden afspraken gemaakt over waar en bij wie de komende avonden zikrs gehouden zouden worden. Zikrs zijn mystieke soefi-oefeningen, onder het zingen van lofprijzingen tot Allah, waarbij de beoefenaars in extase kunnen raken en een gevoel van heimwee naar het goddelijke ervaren. Dit gevoel van heimwee is kenmerkend en kan uitgroeien tot een voelbaar contact met Allah, met God. De soefi's beschouwen deze ervaring als het doel van de oefening.

Voor de dansceremonie bezochten we op de avond van Rumi's sterfdag, 17 december 1985, een grote sporthal, de Ataturkhal, die vol mensen was en zwart van de sigarettenrook. Ik vroeg me af hoe de dansende derwisjen daarin konden ademen en bewegen. Na een aantal toespraken van Turkse hoogwaardigheidsbekleders, dat waren ministers en de burgemeester, begon de muziek. Een derwisj in een lang, zwart gewaad en een hoge kameelharen fez op het hoofd speelde rustig, intens weemoedig op een piepkleine viool. Helemaal verdiept in zijn kunst, los van zijn omgeving, terwijl de zaal steeds rokeriger en roezemoeziger werd. Daarna volgde een prachtig concert op snaar-, strijk- en blaasinstrumenten, waarbij een blinde zanger op indringende wijze een soort hymne voordroeg. Na de pauze begon de dansceremonie. Het werd eindelijk wat stiller in de sporthal, toen een rij derwisjen met zwarte mantels en een hoge fez op het hoofd, voorafgegaan door de sheikh, een tengere kleine man met een liefdevolle uitstraling, rustig en verheven de zaal binnentraden. Dit was een essentieel moment van liefde, die naar alle aanwezigen uitstraalde. De derwisjen bewogen zich op een waardige, toegewijde manier, er was een ernstige uitdrukking op hun gelaat en hun aandacht was naar binnen gekeerd. Er straalde een grote rust van hen uit. Het orkest speelde en de blinde zanger zong een gebed. Een groot mannenkoor begeleidde hem. Toen begon langzaam de dans, een langzame werveling, aristocratisch, en gracieus ingezet. De werveling werd sneller en de rondzwevende, witte gewaden bolden op, er was een patroon te zien in de choreografie. Uitgebeeld werd de wetmatigheid van het universum, het planetenstelsel met de om de zon draaiende planeten, de eenheid van alle delen van de kosmos, die uit hetzelfde Wezen voortkomen en deel uitmaken van één God. Er was de boodschap, dat de mens

zich ogenschijnlijk van God heeft afgekeerd, maar dat hij tot Hem
zal terugkeren naarmate hij innerlijk groeit.

Twaalf sheikhs in lange, witte gewaden wervelden rond, en een
sheikh in een zwart gewaad, waardig, devoot, sierlijk ronddraai-
end, met een diepe innerlijke beleving, de twaalf planeten die rond
de zon draaien. De dertiende sheikh, in het zwart gekleed, lette op
dat ze al wervelend niet in trance raakten, want dat was niet de
bedoeling. De opgeheven rechterhand moest, via de naar beneden
gerichte linkerhand, de goddelijke energie laten doorstromen naar
de mensheid, als hulp voor het bereiken van het goddelijke.

Na afloop werden we bij een derwisj thuis uitgenodigd. Er zat een
groepje van zo'n tien mensen op de grond in een kring bijeen, en
men beoefende intensief en heftig de zikr en zong wasiva's. Er was
een gigantische energie in de kamer. Ik nam deel aan de zikr en ik
kreeg het gevoel dat ik, op devote wijze, als een bloem openging.
Ik zag innerlijk een bloem in mijn geest verschijnen, een lichtroze,

jonge tulp (tot mijn verwondering geen roos!) met een mooie, rechte lichtgroene stengel en enigszins omhoog staande bladeren, niet slap neerhangend. Er omheen tintelde een lichte sfeer. Ik voelde me licht en gelukkig. Dit was een raadselachtige belevenis. Jaren later kwam ik te weten, dat deze tulp, letterlijk zoals ik die heb beschreven, in de Turkse Islam beschouwd wordt als een symbool van een van de eigenschappen van God, van Allah, de eigenschap van Schoonheid. Ik zag een afbeelding van een speciale schildertechniek (ik meen dat die buru heet), een techniek waarbij veel water wordt gebruikt en de verf gecontroleerd uitloopt en zich verspreidt, een blauwe marmerachtige achtergrond met op de voorgrond de tulp, letterlijk zoals ik hem in dat visioen heb gezien.

Ik hoorde later, dat onze Hollandse tulpen inderdaad oorspronkelijk uit Turkije komen...

Eindelijk besloot ik om me aan te sluiten bij de Soefi Kring en op 12 juni 1986 werd ik door Murshida, mevrouw Sharifa Prins, tot Soefi en mureed (leerling) van Inayat Khan ingewijd. Hiermee werd de spirituele verbinding gelegd met de grote Soefi musicus, dichter en mysticus, Murshid Hazrat Inayat Khan, de stichter van de Soefi Kring.

Nu ik dit opschrijf, voel ik opeens weer de inspirerende en liefdevolle verbinding met Murshid herleven, nu, na meer dan dertien jaren van afstand, ontstaan door woelige, elkaar opvolgende gebeurtenissen in mijn leven, door complicaties met leden van de Soefi Kring, onterechte beschuldigingen aan mijn adres, aanvallen die ik had te verduren omdat ik deed wat ik dacht dat goed was, maar waar de Soefi'bazen' het kennelijk niet mee eens waren. Maar hierover later.

Nu brengt die verbinding met Murshid mij weer in die lichte, gouden, innerlijke staat, waarin ik ruimte, belofte, inspiratie en creativiteit ervaar. Ik voel mijn ziel weer dansen, de 'dansende ziel', zoals

Murshid dat noemde. De glans en de gloed van het geesteslicht: 'Uw muziek doet mijn ziel dansen', zoals Inayat Khan het in een van zijn geschriften uitdrukte, de verbintenis van mystiek en muziek. Is dat de sfeer waarin Murshid nu verblijft? Hoe komt het toch dat die deur op een gegeven moment, vanaf circa 1992, dicht ging en mijn leven totaal veranderde? Was ik van het pad afgedwaald en was ik het spoor van Murshid bijster geworden? Of moest ik door nieuwe ervaringen mijn pad verder banen. Ik denk het wel. Mijn leven is sindsdien stormachtig verlopen.

Het begon met moeilijkheden in 1989: op mijn werk, mijn echtscheiding na de eerste India reis in 1989, moeilijkheden met de Soefi 'bazen', omdat ik vond dat ik onheus bejegend werd bij mijn inwijding tot cheraga (cherag: brenger van licht en functionaris bij de ceremonie van de Soefi Universele Eredienst). Door alle problemen dronk ik te veel alcohol, vooral als ik van mijn werk thuiskwam. In februari 1991 kreeg ik een ongeluk op straat, met als gevolg een verbrijzelde enkel, die geopereerd en door de chirurgen gerestaureerd werd met schroeven en platen. Ik ben daar acht maanden mee zoet geweest. Toen, na een brandbrief van mij aan Haseem Khan, de leider van de Soefi Kring en de jongste zoon van Inayat Khan, over de wijze waarop ik behandeld was bij mijn inwijding tot cheraga, volgde op 5 juli 1991 (de geboortedag van Inayat Khan) toch nog mijn inwijding tot cheraga. Ik werd ingewijd door Murshid Haseem, samen met mijn murshida, mevrouw Prins, bij haar thuis. Bij deze inwijding kreeg ik een nieuwe naam: eerst heette ik Rani (koningin) en dat veranderden ze nu in Maharani (grote koningin). Ik voelde me daar wat ongemakkelijk bij. Deze nieuwe naam betekende, dat ik de opdracht had om te groeien van een aardse koningin naar een koningin van een hogere, geestelijke, orde. Ik schrok een beetje van die naam, want ik dacht dat daar wel problemen van zouden komen met mijn collega Soefi's en ik vond het een beetje 'te' veel van het goede. Ik merkte nog op, dat bij een maharani een maharadja hoort, en dat ik die dan ook wel wilde vinden. Beiden gaven me bij deze speciale gelegenheid de raad en de opdracht om te leren, me niets meer aan te trekken van jaloezie om me heen, en als anderen jaloers op me zijn dit als druppels water langs mijn regenjas af te laten glijden. Ze waren allebei zo lief en warm, ik was heel gelukkig met mijn inwijding tot cheraga. Als ik dat zo naga, moet ik toegeven, dat ik geen gemakkelijke mureed (leerling) ben geweest. Ik denk dat de grote veranderingen in mijn leven, zoals de moeilijkheden die ik op mijn werk kreeg, mijn echtscheiding, en andere complicaties mijn zenuwgestel danig uit balans hadden gebracht. Ik was nog steeds ver verwijderd van de 'droesem van volwassenheid'. Met 'droesem' bedoel ik het stevig gegrond zijn, het beter in staat zijn om te relativeren, in de eerste plaats zichzelf. Ik zou nog heel wat innerlijke pijn moeten verduren, en een aantal jaartjes ouder worden, voordat dit begon te beklijven. Mijn behoefte aan vrijheid en het vinden van mijn eigen innerlijke verantwoordelijkheid, een eigen 'zijn', zou echter langzamerhand gaan gloren.

Hazrat Inayat Khan, de stichter van de internationale Soefi beweging, werd geboren in India, in Baroda, en leefde van 1882 tot 1927. Hij bracht naar het westen een universele boodschap van geestelijke vrijheid, van religieuze idealen, van respect voor alle godsdiensten, profeten en heilige boeken van de mensheid. Ik citeer een Soefi maandblad: 'Zijn boodschap is een aanzet om dagelijks leven en religie met elkaar te verbinden, opdat iedere daad door de geest mag worden gedragen en spirituele vruchten mag afwerpen: een wijze van leven geënt op de tijdloze mystiek. Soefisme kenmerkt zich door een positieve en constructieve levenshouding, gebaseerd op het streven naar een besef van broederschap.'
Inayat Khan wilde een brug bouwen tussen oost en west, en uit zijn literatuur blijkt, dat hij daarbij ook gericht was op Christus, hoewel hij van oorsprong een Indiase Moslim was. Maar in het immense India is de scheidslijn tussen Moslims, Hindoes, Sikhs, Boeddhisten, Christenen en anderen vaak veel minder uitgesproken dan in het westen en er is veel wederzijdse beïnvloeding, en een, meestal,

grote verdraagzaamheid in het dagelijkse leven. Inayat Khan was een groot musicus en bespeelde de vina. Hij werd de Beethoven van India genoemd. Als soefi hoorde hij bij de orde van de Soefi musici, de lijn van Moiniddin Chisti. In 1989 bezocht ik met een Hindoe vriendin de graftombe en de dargah van Moiniddin Chisti in Ajmer, Rajasthan, zo'n driehonderd kilometer ten zuiden van New Delhi. Dat was een wonderlijke reis. In New Delhi stapten we op een lo- cale 'snelbus' naar Ajmer. De bus was propvol en achterin zat een tiental schilderachtig geklede vrouwen. Tijdens de reis begonnen ze opeens in koor te zingen, veelstemmig en specifiek uit hun cul- tuur. Ik vond het prachtig en de vele uren durende reis werd een inspirerend gebeuren. Een 'snelbus' in India is iets boeiends, dege- nen die India bezocht hebben, zullen zich hier wel iets bij kunnen voorstellen: een virtuoze chauffeur die diep het gas indrukt, einde- loos getoeter, uiteenstuivende fietsers, karren, mensen en dieren, en voor mij het wonder dat ik het overleefde. Onderweg moesten we overstappen op een andere bus. Tussen al die Indiërs vielen wij natuurlijk op: de in sari gehulde Hindoe vrouw met een stip op haar voorhoofd en een lange, blonde Europese vrouw in Indiase kleding. We gingen in een rij voor een loket staan om kaartjes te kopen, maar vlak voordat wij aan de beurt waren bleken er geen kaartjes meer te zijn. Dat was niet leuk en we keken elkaar met grote ogen aan. Wat nu te doen? Maar opeens dook er een man op uit de om- standers, die ons zoals gewoonlijk stonden aan te gapen, liep naar ons toe en stak zijn hand uit met twee buskaartjes, zoals bleek naar de plaats waar we heen moesten. Hij zei in Hindi, 'nemen jullie die maar, ik heb ze vandaag niet nodig'. Dat was je reinste wonder en we maakten dan ook heel dankbaar gebruik van zijn aanbod. Hij wilde er zelfs geen geld voor hebben. Wij vervolgden onze reis en kwamen aan bij de graftombe van de grote kunstenaar en heilige: Moiniddin Chisti. De grote moskee was vol mensen, mannen in het wit die met hun voorhoofd op de grond aan het bidden waren, apar- te afdelingen met biddende vrouwen, gesluierd en ook in het wit. Wij waren niet gesluierd en niet in witte kleding, maar niemand bemoeide zich met ons. Wij liepen door naar het centrale deel, de graftombe van Chisti. Men stond ons toe, er vlakbij te komen en het koord, dat om het graf aangebracht was, vast te houden. Op de vier hoeken bij de tombe zaten Agni of Ajna priesters die een vuurceremonie uitvoerden en die wij wat geld gaven. Wij bogen, voor hen staande, devoot ons hoofd, zonden een gebed op tot deze meester van de Indiase muziek en ik hield de lijn met beide handen vast. Op een gegeven moment voelde ik zo'n enorme energie om me heen en door me heengaan, dat de lijn in mijn handen als elektrisch begon te trillen en te schudden. Het leek of mijn kundalini werd opgewekt. Het was indrukwekkend en inspirerend. Ik begreep, dat ik me op een heel bijzondere plaats bevond, en dat ik een soort vuurinwijding kreeg. Later vermoedde ik, dat dit bezoek op bijna rauwe wijze in mijn leven moet hebben ingegrepen, want vanaf mijn terugkeer naar Holland, dat was dus februari 1989, leek het of mijn leven door elkaar werd geschud, misschien om me van het 'onware' te bevrijden... Sedert mijn terugkeer in Holland gebeurde er heel veel en dat heeft wel zo'n zes jaar geduurd.

In de dargah liepen we terug tussen de biddende menigte mannen en, in aparte ruimtes, langs de vrouwen en hadden natuurlijk het nodige bekijks. Op een gegeven moment voelde ik me niet meer zo rustig, en realiseerde me dat in die tijd in de Moslimwereld een vloek over Salmon Rushdie was uitgesproken in verband met zijn boek 'De Duivelsverzen'.

Ik hoopte, dat er niet iemand op zou staan en ons iets aandoen. In deze licht groeiende spanning liepen we langzaam naar de uitgang en toen we ons daar nog even omdraaiden voor een laatste groet aan deze inspirerende plek, stonden we opeens tegenover een Indiase soldaat, die ons, zonder dat wij het hadden opgemerkt, voor onze veiligheid steeds begeleid had. Hij groette ons, keerde zich om en liep weg. We groetten hem, zeer onder de indruk, en keerden per 'snelbus' terug naar New Delhi.

De terugreis liep voorspoedig en nu denk ik nog wel eens: 'mens, wat was die bus eigenlijk gevaarlijk'. Maar de chauffeurs, die als gekken op die onafzienbare, kaarsrechte en niet zo brede, Indiase wegen, door het gewoel van mensen, koeien, karren, auto's en nog veel meer hun rit tegen de tijd maakten, zaten zo goed in hun 'hara' (de innerlijke balans, die iets onder de maagstreek gelokaliseerd is) dat wij er gezond van af zijn gekomen. Iets dergelijks heb ik ook meegemaakt in Nepal, toen we per bus op een smalle bergweg vol gaten en kuilen met aan een kant een afgrond van honderden meters, naar een tempel op de top van die berg reden. Een paar vrouwen van de groep begonnen te gillen, maar ik ging vlug naast de chauffeur zitten en toen voelde ik zijn balans en wist dat er niets fout zou gaan, wat hij ook met zijn stuur deed.

Zeven jaar was ik actief in de Soefi Kring. Ik, ijverige dienstklopper, was lid van twee besturen, van de tempel in Katwijk en het Centrum Banstraat, volgde lezingen en klassen, deed oefeningen en was zeer betrokken bij de boodschap van Liefde, Harmonie en Schoonheid van Inayat Khan. Ik was een toegewijd Soefi. Tweemaal, in 1989 en 1990, bezocht ik zijn Dargah in New Delhi (de graftombe van Inayat Khan) en reisde rond in India.
De Dargah was een eiland van rust en schoonheid, midden in Delhi. Tegenover de Dargah was een sloppenbuurt, van uit afval opgebouwde krotten, waar de zeer armen in duistere, vieze hutjes woonden. Het waren er honderden. Er waren regelmatig voedseluitdelingen vanuit de Dargah, en er was een schooltje, dat gefinancierd werd door Soefi's. De activiteiten van de Dargah werden geleid door het echtpaar van Loo, een uiterst toegewijd en sympathiek Nederlands echtpaar, dat zeer actief was in het Soefisme. Zij waren jaren bezig geweest met de begeleiding van de bouw van de Dargah en op den duur kwamen er ook meditatiecellen voor toegewijde gasten. Dit vereiste een enorm geduld en grote overredingskracht bij de Indiase instanties en werklui. Er werden ook internationale Soefi seminars in deze inspirerende omgeving gehouden. De tombe van Inayat Khan was een oase van rust, schoonheid en liefde, prachtig met het witte marmer, de rode, geurige bloemenkransen die er

omheen lagen, de teksten met de drie mooiste gebeden van Inayat Khan, en als ik het me goed herinner waren het Pir, Nabi en Razul. Ik ontmoette veel mensen, van alle godsdiensten van India en maakte veel vrienden.

De eerste reis naar India, in 1989, maakte ik met een Soefi vriendin, Jala. Vooraf werden we goed voorbereid door mijn Murshida, Sharifa, want het betrof hier eigenlijk een pelgrimsreis. Wij waren de eerste Soefi's uit Holland die de Dargah individueel zouden bezoeken. Wij wilden de sfeer en de inspiratie van de plaats ervaren, wij wilden Murshid Hazrat Inayat Khan eer bewijzen, want dat was het doel van de pelgrimage, maar ook wilden we hand en spandiensten verlenen om Wahid van Loo en zijn vrouw een handje te helpen. Mijn Soefi naam was Rani, dat 'koningin' betekent, en die naam kreeg ik vlak voor ons vertrek naar India. Ik vond het wel een leuke naam. Zoals ik had verwacht, gebeurde het in Delhi, dat als men op straat mijn naam noemde of me riep, er een plagend gehoon kwam van de Indiasche jongelui om ons heen, zoiets van 'goooh ... zeg ...'

In de loop van ons verblijf gingen Jala en ik steeds meer onze eigen gang. Zij was een heel sympathieke vrouw, maar er ontstonden spanningen tussen ons. Dit is zeker niet verwonderlijk, de verhoogde energie in de Dargah in aanmerking genomen. Ik denk, dat er ook sprake was van onderlinge jaloezie, en ik betreur het nog steeds, dat ik toen niet wijzer was. Ik realiseer me nu, dat ik die tijd niet meer dan een Soefi foetus was, die nog niet door het leven in vorm geslagen was, ik was naïef, argeloos, onervaren en overgevoelig en had lange tenen.

Later zei Jala, dat ik opeens erg veranderd was nadat Herbert, mijn echtgenoot, mij op de tweede dag na onze aankomst in India, vanuit Holland had opgebeld om zich te beklagen, dat hij zich zo eenzaam voelde en niet wist wat hij zonder mij moest doen. Ik raakte toen de kluts kwijt en beet hem toe, dat hij dan maar vrienden moest opzoeken en van zijn vrijheid genieten. Nou, die raad heeft hij letterlijk opgevolgd, naar ik later begreep, en toen ik terug kwam van de reis lag er zelfs een grote berg vuile was op me te wachten, zodat ik die mooi kon doen als ik terugkwam. Dit shockeert me nog steeds. Onze definitieve breuk liet niet lang meer op zich wachten, en nadat vriendin Roseanne hem bij Akzo, waar hij werkte, had opgezocht om hem, volgens de berichten, haar grote sympathie te betuigen, was het hek bij hem van de dam en in augustus 1989 gooide ik hem het huis uit. Ik ben het lot altijd dankbaar geweest, dat hij, via haar, met een zoet lijntje uit mijn leven verdwenen is. Want de onafwendbare scheiding had voor mij ook anders kunnen uitpakken, want hij hield erg veel van zichzelf en van geld. Natuurlijk kreeg ik een klap van de echtscheiding, hoewel ik dacht dat ik okay was, want ik was blij dat hij weg was. Maar kennelijk gebeurt er in het onderbewuste veel meer en vond daar mijn rouwproces plaats. We waren toch negentien jaar bij elkaar geweest! Als ik op die jaren terugkijk, moet ik constateren dat er toen een grote chaos ontstond, met talloze problemen. Dat gebeurde op mijn werk, in de Soefi Kring en daarna met 'de Russen', die in 1991 in mijn leven kwamen.

Een jaar later, in 1990, ging ik voor de tweede keer naar India, weer naar de Dargah, maar toen in mijn eentje. Ik had met Afzal Khan, een vriend uit de Dargah, afgesproken en hij kwam me met zijn vrouw van het vliegveld ophalen. Die tweede reis, die ongeveer een maand duurde, was schitterend en vol opzienbarende gebeurtenissen. Toen ik bij de familie van Afzal logeerde, ontmoette ik daar een politicus, die nauwelijks Engels sprak, en daarom was ons gesprek nogal kort. Hij interesseerde me niet zo veel, maar op een gegeven moment kwam Afzal naar me toe en zei, dat die heer mij uitnodigde om een grote steenfabriek in de regio te openen. Hij liet weten, dat hij verhinderd was en of ik dat karwei voor hem wilde doen. Ik zei natuurlijk volmondig 'ja', want het leek me een leuk avontuur. Nou dat was het ook. Het vond 's avonds plaats. Samen met de hoogwaardigheidsbekleders uit die streek, vlakbij Rampur, Uttar Pradesh, de woonplaats van Afzal, vertrokken we onder een schitterende sterrenhemel laat in de avond, vanwege de koelte, naar een voor mij onbekende plaats.

In de verte zag ik bij een groot gebouw een menigte mensen, uiteraard allemaal Indiërs, ik geloof dat ik in die streek de enige westerling was. We werden officieel ontvangen, zoals dat bij hooggeplaatste personen gebruikelijk is, en eerst uitgenodigd om in een kring te zitten en wat met elkaar te converseren, en iets te gebruiken. De aandacht was zeer op mij gericht, ik voelde me er wat verbaasd en onbehagelijk bij. Ik dacht, 'als ik nu toch de prinses moet uithangen, laat ik dan maar wat vragen over de bouw van de fabriek, de productie, de lonen, de vrouwelijke werknemers, wat ze verdienen en of dat even veel is als de mannen'. Onder grote belangstelling stelde ik de vragen en kreeg uitvoerige en bevredigende antwoorden. Het was heel interessant. 'De vrouwen verdienden niet minder dan de mannen', werd me plechtig verzekerd. Op een gegeven moment dacht ik wat nerveus: 'wat zou Beatrix in deze omstandigheden nou gezegd en gedaan hebben?' en kreeg prompt een goede ingeving, zodat de conversatie uitstekend verliep. Het was natuurlijk erg ver-

makelijk voor mij, want ik dacht, 'ze denken vast dat ik een heel
belangrijk persoon ben, maar wie dan wel..?'

Na dit gesprek liepen we, omringd door honderden toeschouwers,
werknemers van die fabriek, belangstellenden en pers, naar de plek
waar de ceremonie zou plaatsvinden. Een paar vips liepen naast
me en we praatten wat. Ik maakte grapjes, mijn buurman begon
te lachen, en prompt lachte het hele gevolg, terwijl ze er niets van
verstaan hadden door het rumoer. Ik dacht: 'zo gaat dat dus, als
Beatrix op reis is', dit zijn dus de rituelen. De ceremonie zelf vond
plaats bij drie grote, brandende ovens, en nadat twee vuurpriesters
hun ceremonie hadden voltooid, werd mij gevraagd met een grote
schep steenkolen in het vuur te gooien. Dat deed ik bij alle drie de
ovens, en na mij deed de vrouw van Afzal dat ook. Al die honderden gezichten om me heen in het vage schijnsel van het vuur en de
sterren, twee Agni priesters die rituelen uitvoerden, de bijzondere
positie die ik opeens innam, het was een onvergetelijke belevenis...

Na de eerste India reis scheidden Herbert en ik dus na negentien jaar samen geweest te zijn. Inmiddels was mijn zoon Edwin aan de Landbouw Universiteit in Wageningen afgestudeerd en getrouwd met Marjolein, dus moest ik wennen aan een ander, een nieuw leven. Ook was ik intussen, in 1987 en 1990, twee keer oma geworden van twee prachtige kleinkinderen. Met een zeker schuldgevoel realiseer ik me, dat ik waarschijnlijk niet het bekende stereotype van een oma genoemd kon en kan worden, die altijd toegewijd bezig is met haar kleinkinderen. Nee, mijn leven was gevuld en rumoerig, en het is me jarenlang boven het hoofd gegroeid, zeker in de periode 1989 tot 1995.

In mei 1992 bezocht ik, uitgenodigd door Murshid Haseem van de Soefi Kring, een Soefikamp in Canada, bij Lake O'Hara, hoog in de Rocky Mountains. Het schitterende, smaragdkleurige meer lag op 2000 meter hoogte en we waren met ongeveer 60 Canadese 'lovers of Truth' bijeen. Het was een inspirerend gebeuren, er waren activiteiten van de Innerlijke School, de Universele Eredienst (met een levend altaar van 15 mensen, dat voor de eerste maal zo werd uitgevoerd), Soefi dansen, zikars en ontmoetingen rond het kampvuur. Ik herinner me, dat er iets heel opmerkelijks gebeurde. Op een dag, tijdens het kamp, bleek dat een Canadees meisje het erg moeilijk had, het leek wel of ze last had van het hoge energie niveau en de workshops en buiten zinnen raakte. Ik zag dat ook gebeuren en opeens was ze afwezig van de groepsactiviteiten. Ik vroeg aan iemand waar ze was, ik kende haar niet, maar leefde erg met haar mee. Men vertelde mij, dat ze ziek was en een paar dagen afwezig zou zijn, maar dat ze in goede handen was. Haseem e.a. hadden zich haar lot aangetrokken en steunden haar intensief. Ik dacht vaak aan haar en hoopte dat ze spoedig weer in orde zou zijn. Een paar dagen later kwam ze weer in de groep, een beetje witjes, maar opgeknapt. Ik ging naar haar toe, verwelkomde haar en zei dat ik erg blij was dat ze er weer was. Ze keek me aan en zei: 'Ik ben ook blij jou te zien. Ik wilde je nog heel hartelijk bedanken, dat je voortdurend bij me bent geweest tijdens mijn ziekte. Het heeft me erg geholpen'. Ik keek niet-begrijpend, want ik was niet aan haar bed geweest en had weinig, eigenlijk helemaal niet, direct te maken gehad met haar ziekte. Ik zei: 'Sorry, maar ik ben niet bij je geweest, je vergist je.' Na mijn reactie keek ze wat nerveus, of ze iets verkeerds gezegd had en wendde zich af. Ik liet het verder voor wat het was, en wenste haar alle goeds toe. Later vroeg ik aan H., hoe zij gedacht kon hebben, dat ik bij haar was, terwijl dat niet zo was. Hij keek me, een beetje geheimzinnig, aan en zei toen: 'Jawel, je was daar wèl aanwezig. Maar dat weet je niet'. Hij wou er weinig over kwijt, maar hij zei dat ik een sterke vrouw ben, en dat zij dit nodig had en daardoor erg met mij was bezig geweest. Zij had mijn kracht nodig en heeft daarvan kunnen profiteren. Natuurlijk vond ik dat uitstekend en was er blij om, dat ik iets voor haar kon betekenen. Ik begreep het nog steeds niet goed, maar ging ervan uit, dat er misschien gebruik was gemaakt van mijn astraal of etherisch dubbel, en dat haar dit geholpen heeft. Ik vind het nog steeds een wonderbaarlijke gebeurtenis en probeer me dit fenomeen voor de geest te halen bij bepaalde situaties in mijn leven.

Later heb ik iets dergelijks meegemaakt toen ik in 1998 in Tibet was en twee dagen doodziek in bed lag door de hoogte van meer dan 4000 meter. Dat was in Zangdu, zuidoostelijk van de hoofdstad Lhasa. Twee nachten had ik in de verte urenlang het chanten en het trompetgeluid van de rituele meditaties van de Tibetaanse monniken gehoord. Ik vond het, doodziek in bed, heerlijk om ernaar te luisteren, het stelde me gerust en maakte dat ik me veiliger voelde en kon slapen. Ik was zo ziek, dat ik er de eerste dag van overtuigd was, dat ik Holland niet meer zou terugzien. Door het Tibetaanse gezang en het voorgeschreven drinken van zeven liter water per dag, knapte ik de derde dag op en kon de zware reis door Tibet vervolgen. Toen ik 's ochtends weer aan de ontbijttafel verscheen, nog slap en zwak, vroegen de mensen aan tafel me hoe het met me ging. Ik zei, dat dit wat beter was, maar dat ik het klooster aan de overkant van de weg wilde bezoeken, omdat ik twee nachten lang, vanaf ongeveer negen uur 's avonds tot vroeg in de ochtend, het eentonige gezang van de monniken had gehoord. Men keek mij verbaasd aan, en toen hoorde ik, dat er geen klooster aan de overkant van de weg was, maar wel een garnizoen Chinese soldaten. Tot honderd kilometer in de omtrek was er geen klooster te bekennen, zei de reisleider. We keken elkaar aan en ieder dacht dat de ander gek was, ik dacht het van de mensen aan tafel en zij van mij. Kortom, ik ben natuurlijk gaan kijken, en inderdaad er was alleen een kazerne met soldaten. Ik heb deze ervaring diep in mijn hart verborgen en ben er erg gelukkig mee. Later heb ik gehoord, dat Tibetaanse monniken in hun kloosters eeuwenlang op deze astrale(?) manier met elkaar communiceerden, dat ze elkaars gezang tot honderden kilometers afstand konden horen, en dat dit een onderdeel van hun geestelijke oefeningen was. Kennelijk heb ik iets uit de akasha opgevangen, misschien had ik contact met een klooster van vroegere tijden? Misschien had dat meisje in Canada ook een dergelijke ervaring met mij, en is ze daardoor geholpen, net zoals ik.

Tot maart 1992 hielp ik Haseem, de leider van de Soefi Kring, met vele zaken, zoals lezingen, het werk rond het blad 'Soefi Herberg', waarvan ik tot general manager was gepromoveerd. Hij gaf dat blad persoonlijk uit en ik was verantwoordelijk voor de kopij en de verzending. Ik heb hier heel wat werk aan gehad, bovenop mijn fulltime baan als administrateur en andere zaken. Later, in samenhang met de reeds genoemde Russen, werd mijn integriteit door de Soefi bazen onterecht in twijfel getrokken, omdat ik het Caravanadressenbestand zou hebben gebruikt voor de betreffende Russen. Dit onderwerp komt later nog aan de orde.

Toen, in dat hemelse kamp bij Lake O'Hara, in juni 1992, had ik een aantal gesprekken met de Canadese vertegenwoordigster van de Soefi Kring, en een paar Canadese vrienden; zij brachten mij onder het oog, dat Murshid Haseem 'veel van mij verwachtte' en dat hij hoopte dat ik mijn leven volledig aan het Soefisme zou wijden. Tijdens dit gesprek stonden we aan de oever van de zee bij Vancouver, ik tuurde over het water en begreep dat er een beroep op me werd gedaan, waarvan ik in grote mate twijfelde of ik dat aan zou kunnen. Ik reageerde aarzelend en in geen geval positief. Ik ben vaker in een dergelijke situatie geweest, zoals bij de Theosofen, waar men ook veel van mij verwachtte, en later ook bij de vrijmetselaars. Ik begreep nooit waarom ze mij moesten hebben: 'wat willen ze toch van me, moet ik hun kar trekken?' Ik ben inderdaad een harde werker en ook een goede, gewetensvolle werker, misschien is dat wat ze willen. Ik ben spiritueel gericht en heb daarbij mijn idealen, dus zou ik misschien wel iets tot stand kunnen brengen. Maar in die chaotische tijd was dat onderwerp niet aan me besteed.

Er was nu ook een concrete kink in de kabel gekomen, waardoor een dergelijke ontwikkeling bij de Soefi Kring voor mij niet meer was weggelegd, althans wat mij betreft. Er was in maart 1992 iets onaangenaams gebeurd tussen mij en de betreffende leider, en ik voelde dat mijn positie in de Soefi Kring, hoe ongewild ook door de betreffende partijen, niet meer dezelfde kon zijn. Zeker niet op het gebied van vertrouwen en onbevangenheid, wat mij betreft. Dat was voorbij, maar niemand wist hier iets van.

Ook realiseerde ik mij, dat de Soefi Kring niet het einddoel voor mij was, er zou nog méér in mijn leven komen, maar ik had geen idee wat. Ik besefte, dat dit voorgevoel los stond van mijn verbinding, mijn eerbied, respect en liefde voor Murshid Hazrat Inayat Khan. Het had meer te maken met de hiërarchische structuur van de Soefi Kring, met de sfeer van diplomaten in de hogere echelons (een ex-minister en een paar diplomaten), en voor mij betekende dit: een soort houterigheid, bleekheid, afstandelijkheid, arrogantie, schijnheiligheid, conservatisme, autocratie e.d., maar ook vriendelijkheid. De Arabische taal werd intensief gebruikt voor namen, titels, mystieke gezangen, ja zelfs het hele organisatieschema was in het Arabisch, met namen die klonken als Arabische muziek. Toen ik in 1990 met mijn Indiase Soefi vriend Afzal, Murshida een keer in de Banstraat bezocht, zei hij, nadat hij diverse afbeeldingen aan de muur had bekeken: 'Rani, dat is allemaal gewoon Islam! Het Soefisme is gewoon Islam!' Ik vond dat niet zo belangrijk, dus reageerde ik er niet op. Ik moet wel zeggen dat het gebruik van die exotische, Arabische, taal een mysterieuze, mystieke sfeer creëerde en iets raadselachtigs gaf. Er waren genoeg mensen die er, misschien onbewust, door geïmponeerd raakten en trots waren op hun bloemrijke namen. Eens vertaalde ik, voor mezelf, een aantal functienamen en functies van het organisatieschema in het Nederlands, en ik moest lachen, toen ik zag hoe totaal verschillend de uitstraling werd, zoiets van het oer-Hollandse: 'doe maar gewoon, dan doe je al gek genoeg ….' Er bleef toen niet veel over van de betovering bij al die functies. Dit staat natuurlijk los van de werkelijke betekenis en inhoud van de functies, want daar zal ik niet aan tornen. Dat was een serieuze zaak en daar had men serieuze mensen voor nodig. Kenmerkend voor de invloed van de diplomaten vond ik de hiërarchische opbouw en de spirituele rangen en standen, en de daarbij behorende beleefde, 'correcte' (zoals dat tegenwoordig heet) afstand ten opzichte van elkaar. Dit was ook het geval bij de innerlijke school. Daar was een systeem van graden van geestelijke ontwikkeling opgesteld, en bij toetreding werd je in klas 1, 2 of 3 etc. 'ingeschaald'. Die inschaling werd bepaald door de hogere echelons, en de gewone Soefies hadden daar niets over te zeggen. Die konden alleen maar tevreden, afgunstig of gekwetst zijn, al naar gelang de informatie over de 'inschaling' van hun naasten.

Als er één persoon is, die dit naar mijn mening zou afwijzen, is dat Pir-o-Murshid Hazrat Inayat Khan. Hypocrisie is terug te vinden in het ontkennen en onderdrukken van de eigen psychologische schaduw, ten nadele van de ander. Er kunnen crisismomenten in het leven ontstaan, waarbij de schaduwaspecten aangesproken worden, met als gevolg de bekende projectie van de eigen negativiteit op anderen, die dan de schuld krijgen. Zelf zijn we de goeden en zonder kwaad…

Door allerlei gebeurtenissen was ik, vanaf 1990, wat losser komen
te staan van mijn oorspronkelijke idealen in relatie tot het Soefisme. Het beeld van Murshid Inayat Khan verbleekte enigszins voor
mij. Ik wist welke inspiratie en spiritualiteit ik van hem had mogen
ontvangen, en ging ervan uit dat er een astrale Soefi Kring moest
bestaan, waarin hij nog steeds zijn rol vervult. En ik wilde me daar-
aan wijden! Op aarde echter, was het wegvallen door zijn overlijden
niet zonder gevolgen geweest voor de organisatie, die hij had opgericht. Als de stichter, de Boodschapper, overlijdt, zal de oorspronkelijke, geestelijke impuls verbleken, en in het beste geval nog een
tijdje door zijn leerlingen in stand worden gehouden. Ik herinner
me bijvoorbeeld, dat een Soefi in Canada mij vertelde, dat Murshid
vlak voor zijn laatste reis naar India, aan zijn mureed Shamcher Be-
orse had verklaard, dat hij bij nader inzien de hiërarchische structuur, die hij in de Soefi Kring had geïnstalleerd, bij zijn terugkeer uit
India zou opheffen. Hij zag dat dit systeem niet gunstig werkte voor
zijn organisatie en de disharmonie onder zijn leerlingen versterkte
door jaloezie en conflicten.

In 1997 schreef ik een artikel, getiteld 'Overpeinzing: wat is het
Soefisme van Hazrat Inayat Khan in 1997 en daarna?' Men was bereid het artikel in het blad Soefia, van de Soefi Commune, te plaatsen, hoewel ik in die tijd al enige afstand had genomen van de Soefi
organisaties.
Ik citeer uit het artikel:

'Een vaak terugkerend onderwerp in mijn gedachten is: hoe zou het
soefisme van Murshid Hazrat Inayat Khan eruit zien als hij er nu
weer zou zijn en zijn Boodschap <u>nu</u> weer zou brengen? Dan denk
als volgt: Inayat Khan kwam in een andere tijd - in het begin van de
twintigste eeuw - naar het westen en ontwikkelde de vorm van zijn
Boodschap in die periode. Hij stierf in 1927. Zijn Boodschap van
Liefde, Harmonie en Schoonheid inspireerde velen. Hij wist over te
brengen, dat er een Goddelijk Wezen is, een Wezen dat in ons en

door ons bestaat: de Geest van Leiding, die in de voorgaande tijden betrokken is geweest bij het stichten van godsdiensten en culturen, en daardoor de Universele Broederschap der mensen tot een feit maakte.

Het begin van de twintigste eeuw was een andere tijd dan nu. Ik kan me voorstellen dat hij met mensen te maken kreeg die, meer dan nu, in een wereld leefden van b.v. meer concrete ruimte, er waren de arbeiders die voor hun kostje moesten vechten en meer bevoorrechte klassen, er bestond een duidelijke maatschappelijke klassenscheiding, in zijn eigen land had hij te maken met de Engelse overheersing, in het Westen met de opkomst van de industrie en vooral in Amerika met de start van een Nieuwe Wereld. Veel werd uitgevonden in die tijd èn daarna, wat voor ons nu bekende kost is. In Europa kreeg hij te maken met allerlei soorten mensen. Vanwege zijn verfijnde geest en cultuur ontmoette hij mensen uit de groep van kunstenaars en adel en aanverwante geesten. Het was duidelijk, dat zijn verfijnde wezen en persoonlijkheid, zijn Boodschap, aansloeg.

Na zijn dood werd zijn Boodschap door zijn kinderen en familie verder doorgegeven, die erin slaagden om de essentie, de vlam van zijn Boodschap, brandend te houden.

En dan denk ik: hoe zou Inayat Khan het nu doen?

Na zijn dood is er onnoemlijk veel gebeurd op deze planeet: een wereldoorlog, ontwikkeling technologie, groeiende tegenstellingen van culturen die politiek werden gebruikt voor afschuwelijke misdaden, in het westen raakte de maatschappij in de ban van consumeren, produceren en materiële voorspoed. Er waren grote verschuivingen van volksgroepen, het westen werd en wordt geconfronteerd met een grote instroom van mensen uit Afrika, Azië, Oost-Europa die een economische verbetering van hun leven wensen. Hierdoor is de ontmoeting van diverse culturen en godsdiensten in het westen al een heel eind op gang gekomen, en er zijn nu nog maar weinigen die, ook in hun naaste omgeving, op zijn minst niet al kennis gemaakt hebben met diverse andere/exotische culturen en godsdiensten. Er ontstonden veel problemen van economische aard, van culturele aard en van menselijke aard...

De tijd is nu gekomen, dat we <u>echt</u> leren omgaan met verschillen: buiten ons, maar tegelijkertijd <u>in onszelf</u>! Verschillen zoals tegenstellingen, confrontaties van het oude en het nieuwe, misschien uiteindelijk wel met 'ons oude zelf en ons nieuwe zelf'...? Hoe zou Inayat Khan dit 'nieuwe zelf' omschrijven?

Zijn Boodschap moet hier toch een eerste impuls voor hebben gegeven! Het nieuwe zelf heeft duidelijk een planetaire bedoeling, een groei naar heelheid, universaliteit van ons denken en ons zijn. Over ons kleine cirkeltje heen kijken, heen groeien. Dit vergt een krachtsinspanning, een wilsinspanning van ieder mens afzonderlijk. De wil tot groeien, een kwantumsprong...

Daarom denk ik, dat Inayat Khan in eerste instantie het begrip 'broederschap' verder zou uitwerken. Broederschap immers sluit in de huidige tijd aan bij de b.v. (vaak betreurde) ontwikkeling van de individualiteit, die zijn doel voorbij is gestreefd en eenzaamheid en ongelukkigheid brengt. Het uitwerken van het begrip 'broederschap' betekent: wie ben ik, hoe ga ik met anderen om, hoe kan ik mijn 'heelheid' als mens weer vinden en mijn relatie met God en de wereld?

Wat zouden we dan hiervoor moeten doen?

Het voertuig van de nieuwe Boodschap van Inayat Khan zou een 'werkplaats' moeten worden. Hoe? We zouden eerst de volgende vragen kunnen stellen: hoe gaan we om met autoriteit? Hoe gaat autoriteit of hiërarchie met ons om? Moeten we ons de gezelligheid en de veiligheid van een organisatie met zijn hiërarchie laten aanleunen, of nemen we de kans in dit leven waar om onze eigen plaats in het universum te verwerven, onze eigen plaats en identiteit, hoe en waar dan ook? Kunnen we de moed hiervoor opbrengen? Hebben we de pijn daarvoor over?

Ik denk dat Inayat Khan het in de huidige era van het grootste belang zou achten, dat de mens zijn eigen Wezen werkelijk vindt, en hij zal het eens zijn met C. Verschaeve:

Zou dit het 'model' zijn van de toekomstige mens die Inayat Khan voor ogen heeft?'

De Soefi Kring werd later, halverwege de 20ᵉ eeuw, gesplitst en daarnaast ontstond de Soefi Commune, geleid door de oudste zoon van Inayat Khan, Pir Waseem Khan. Ook ontstonden er een paar kleinere Soefi aftakkingen.

De Universele Eredienst

Ik was op 12 juni 1986 ingewijd in het Soefisme van de Soefi Kring, en tot de zomer van 1989 verliepen er een paar tamelijk rustige jaren, waarin ik de Soefi klassen volgde en hoopte eens als cheraga (lichtdrager) te worden ingewijd en deel te nemen aan de door Inayat Khan gecreëerde Universele Eredienst. Dit was een prachtige ceremonie: een altaar met de heilige boeken van de zes grote godsdiensten: Hindoeïsme, Boeddhisme, Zoroaster, Islam, Jodendom, Christendom en zes kandelaren en kaarsen. Er stond een zevende kaars die werd 'opgedragen aan al diegenen die bekend of onbekend aan de wereld, het licht der waarheid hebben hooggehouden'. Tijdens de Universele Eredienst staan twee cherag(a)s voor het altaar, een van hen ontsteekt de kaarsen, waarbij een korte tekst uit het heilige boek van de betreffende godsdienst wordt gelezen, en nadat een tekst over hetzelfde onderwerp ook uit de overige heilige boeken is geciteerd, houdt de tweede cherag(a) een korte preek, gebaseerd op deze tekst. We droegen daarbij lange, zwarte mantels of pijen, die later vervangen werden door donkerbruine mantels. Als we met ons geestelijk oog de Universele Eredienst vanuit het zaaltje volgden, konden we soms waarnemen dat, tijdens de eredienst een lichtende vorm om en boven het altaar en de cherags werd opgebouwd, en later na de preek werd dit licht, of die energie, onder het uitspreken van een invocatie over de aanwezigen uitgestort. Later, in de Russisch Orthodoxe Kerk, leek het me, dat er tijdens de liturgische eredienst, de goddelijke liturgie, door de priester ook een dergelijke brede 'sluis' van licht omhoog werd gecreëerd, als het ware een 'sluis' naar de goddelijke wereld, naar God. Aan het einde van de dienst worden dit licht en deze zegen door de priester over de kerkgangers uitgestort. Het lijkt mij, dat dit licht steeds opnieuw tijdens de liturgie wordt opgebouwd en het kan de ene dag wat intensiever en meer merkbaar zijn dan de andere dag.

De geestelijke ervaringen, zoals ik die tot nu toe heb beschreven, zouden mijn leven ingrijpend hebben moeten beïnvloeden. Ik was altijd blij met wat ik had geleerd en/of waargenomen, want ik was intuïtief begaafd, maar ik kon die ervaringen niet duiden, ik kon ze niet in mezelf integreren. Ik had het idee, dat ik bleef wie ik was, had daarbij nog steeds weinig vertrouwen in andere mensen, en had zelfs, tot mijn schande, onbewust, weinig vertrouwen in mijn Soefi lerares, Murshida. Misschien speelde daarbij mee, dat zij de directrice van mijn middelbare school was geweest, voor wie we toen allemaal nogal bang waren. Ik speelde het 'spel' van de andere Soefi's mee en trachtte me nuttig te maken. Daarbij kwam, dat ik, diep in mezelf, niet kon loskomen van de gedachte: 'het is allemaal toch niet waar, al dat mooie is niet echt voor mij bedoeld'. En dan denk ik aan dat kleine meisje in het Jappenkamp, dat hetzelfde dacht toen ze hoorde dat haar vader er nooit meer zou zijn. Ik denk, dat ik worstelde met een dubbele handicap: het kleine meisje in het Jappenkamp, maar ook een soort intuïtie dat er *meer* moest zijn dan ik meemaakte, ik was niet snel tevreden. Het leek me allemaal te gemakkelijk gaan, zoiets van 'is that all there is?'

Ik was me er nog niet van bewust geworden, dat het prachtige inzicht dat ik zocht, al *binnen in mij* was. Ik keek teveel naar de uiterlijke wereld en verwachtte de verlichting via de buitenwereld, zoals via meesters e.d. Ik had nog niet begrepen, dat God in ons innerlijk kenbaar is, evenals Christus en de heiligen van deze wereld en dat wij onze aandacht naar binnen moeten richten. Dat gaat niet zo gemakkelijk en er is zelfs enige moed voor nodig, want onze veranderingsprocessen gaan via dat innerlijk! Via intentie en wilskracht, overgave, visie, deemoed en liefde en moed. Het gaat om het 'Ken Uzelve'!
Murshid Hazrat Inayat Khan leerde me:

'Wat bereiken we door meditatie? Wensen we macht, willen we inspiratie? Nee, het meest van alles wensen we het beeld van ons ware zelf; dat is, van aangezicht tot aangezicht te staan met ons meest innerlijke zelf. Dan ervaren wij de Aanwezigheid van God, we hoeven niet langer de beloning van de Hemel te zoeken, want wij zijn op zoek naar God in onszelf. Daarom is het noodzakelijk dat iedere geïnitieerde weet, dat het doel van onze ziel bij onze esoterische studies en oefeningen is, ons vertrouwd te maken met het leven, dat is als een bewegende stroom in de cirkel van Eeuwigheid. Nasihat.'

Als ik er aan terugdenk, hebben de prachtige leringen van Inayat Khan die ik in de klassen en tijdens de Universele Erediensten heb mogen ontvangen, mijn bezoeken aan de Dargah, zijn tombe in New Delhi, mijn bezoek aan het Tilak Huis bij de Jamoena rivier, waar hij had gewoond en overleden is, een onvergetelijke, liefdevolle indruk op me gemaakt. Ik heb zelfs nog een tijdje in zijn kamer in het Tilak Huis mogen mediteren, wat grote indruk op me heeft gemaakt. Ik had een prettig contact met zijn familieleden, die nu een belangrijke rol in het Soefisme vervullen en die ik buitengewoon waardeer. Dit allemaal liet bij mij nog steeds 'geen dubbeltje vallen'. De geestelijke ervaringen zag ik meer als een aardig avontuur van de psyche, die ik niet zo serieus moest nemen. Ik vond, dat men hier vaak iets 'verhevens' aan ontleent, iets ter verbetering van het eigen imago. Er was altijd een geheimzinnige sfeer rond de 'vips', zoals ik de hoger ingewijde dames en heren noemde, en de adem stokte menigeen in de keel, als je deze uiterst belangrijke personen moest aanspreken. Er waren ex-diplomaten of ambassadeurs bij en/of hun echtgenotes en bekende kunstenaars. Maar ik bleef door deze sfeer niet of weinig geimponeerd.

Het lot vond kennelijk, op een gegeven moment dat er rust moest komen in mijn nogal drukke leven en prompt kreeg ik een week voor mijn verjaardag, in 1991, een ongeluk. Ik struikelde op straat en verbrijzelde mijn linkerenkel. Ik verbleef een paar weken in het Rode Kruis Ziekenhuis, kreeg een aantal schroeven en platen in mijn enkel en was er acht maanden lang zoet mee.

Wonderbaarlijk vind ik nog steeds, dat ik een paar dagen voor dit ongeluk, tijdens een wandeling door de duinen, twee vriendinnen tegenkwam die ik minstens twintig jaar niet gezien had. Zij werden degenen, die mij door die acht maanden heen zouden helpen, me verzorgden toen ik niet kon lopen. Door onze gesprekken raakte één van hen gegrepen door de boodschap van Inayat Khan, en ze ging zich daarin verdiepen. Ze was journaliste bij een belangrijke krant en vertelde me later dat zijn leringen haar hadden geholpen en op een gegeven moment kreeg ze zelfs een goede positie op de redactie van haar krant. Zij zou daar zeer succesvol gaan functioneren en in de geest van Hazrat Inayat Khan werken, zoals ze zelf zei. Toen ze een paar jaar later in de Soefi Tempel in Katwijk de leider Haseem, die ik goed had gekend, zou interviewen, noemde ze mijn naam en vertelde hem, dat ze een vriendin van mij was en dat zij dankzij mij bij het Soefisme was gekomen. De betreffende leider knipperde, volgens haar verhaal, met zijn ogen en vroeg aan iemand naast hem: 'ken ik die persoon?', waarop die persoon in kwestie 'ja' zei. As the world turns ... Misschien zou hij het wel geweten hebben, als mijn Soefi naam was genoemd: Maharani?

Waarom knipperde de betreffende spirituele leider met zijn ogen? Hiermee begint een bijzonder verhaal.

Tijdens de jaarlijkse internationale Soefi zomerschool in de Soefi Tempel Soefi Tempel in Katwijk, die in augustus werd gehouden, een maand duurde en bezocht werd door Soefi's over de hele wereld, van Zuid-Afrika tot Canada, van Zweden tot Italië, had ik diverse functies. Buiten mijn bestuurswerkzaamheden, zat ik ook wel eens bij de ingang van Soefi Tempel om administratieve klussen te verrichten, zoals het verkopen van toegangsbewijzen en programma's, en voor inlichtingen.

In dat jaar 1991, werd in de Soefi Kring gefluisterd, dat er Russen naar de Zomerschool zouden komen. Dat was natuurlijk buitengewoon interessant, want wie ontmoette er nou Russen in die tijd? De muur was net gevallen, maar Jeltsin was in Rusland nog niet aan de macht gekomen. Dus er was nog helemaal geen vrij personenverkeer en weinigen hadden ooit Russen ontmoet.
Op een dag in augustus 1991 zat ik bij de ingang van Soefi Tempel om de inschrijvingen en reserveringen te checken. Iemand fluisterde me in: 'Daar heb je de Russen!' Ik keek op en zag een interessant persoon voor mijn tafel staan, een knappe vijftiger, die zo van een Russische Christus-icoon kon zijn weggelopen. Hij was met een vriend. Ik nam direct de gelegenheid waar, stond op en stelde me aan hen voor. Hij stelde zich voor als Vsevolod uit Moskou, en zijn vriend heette Kliment. Tot mijn verbazing voelde ik me opeens een beetje nerveus. We kwamen in gesprek en ik vroeg hem of hij me iets kon vertellen over hun leven in Rusland. Hij begon te praten en ik werd zeer geboeid door zijn verhaal, over de reizen in Rusland met zijn vrienden, over bezoeken aan derwisjen en sjamanen, aan kloosters en gemeenschappen in Siberië, over contacten met mystici over heel Rusland. Ik dacht op een gegeven moment: 'Wat een mooi, romantisch verhaal. Het is typisch, maar die man vertelt me nou precies over mijn speciale belangstelling voor diepzinnige, romantische en avontuurlijke boeken, zoals die van Paul Brunton'. En toen dacht ik: 'Hij houdt me voor de gek, hij vertelt me wat ik graag wil horen en hij weet precies wat dat is, want hij leest in mijn

astraal...' Ik lachte in mezelf, en vond het gebeuren wel grappig, ook als zijn verhaal niet helemaal volgens de werkelijkheid zou zijn. Toen ging hij de zaal binnen en we namen hartelijk afscheid.

Dat jaar had ik een paar keer contact met Vsevolod, ik bracht ze wel eens met mijn auto naar mensen die ze zouden ontmoeten, maar het jaar daarop, in 1992, toen ze weer naar de Soefi Zomerschool kwamen, zou het contact intensiever worden.

De Soefi's ontvingen de Russen, en dat waren in 1991 Vsevolod en Kliment, een veertiger en Kozak uit Moskou, en hun vrienden, waaronder een kunstschilderes, Tamara, die mooie portretten maakte van aantal Soefi vips, zeer hartelijk. Tijdens hun verblijf in de Zomer School, die een maand duurde, waren ze bijna elke avond ergens te gast. Iedereen was opgetogen en er zoemde iets van hoop en verwachting, misschien zou Vsevolod een belangrijke rol in de Soefi Kring kunnen gaan spelen! Ik kon een, zoals ik gehoord had indrukwekkende, lezing die Vsevolod aan het eind van die Zomerschool hield, tot mijn spijt niet bijwonen. Maar ik had wel enkele diepgaande gesprekken met hem, toen ik ze in mijn auto een paar keer meenam naar hun volgende afspraak. In die tijd, in 1991, wist volgens mij, nauwelijks iemand dat Vsevolod en Kliment zelf met een spirituele Boodschap naar het westen waren gekomen.

Maar nu even terug naar augustus 1992, dus het jaar daarop. Er was weer een Zomerschool en ik zat tijdens een pauze buiten met een paar mensen en zag dat Vsevolod er was. Ik was blij hem weer te zien, want ik had het afgelopen jaar zo nu en dan aan hem gedacht, met de idee dat er toch wel iets bijzonders aan hem was en dat het leuk zou zijn hem weer te ontmoeten en met hem te praten. Nou, daar was hij dus. Ik stond op van het tafeltje en liep naar Vsevolod toe, verwelkomde hem en zei dat ik het heel leuk vond hem weer te zien. Hij reageerde wat terughoudender dan ik het vorige jaar van hem had meegemaakt, iets gereserveerder, maar vriendelijk. Ik was daar een beetje verbaasd over, maar kon geen enkele reden bedenken. We praatten even en gingen weer ons weegs. Later verscheen er voor mij een dertiger, die in bijna onverstaanbaar Engels, probeerde me iets over het Russische Soefisme te vertellen. Dit bleek een van de metgezellen van Vsevolod te zijn, die samen met hem uit Rusland naar de Zomerschool was gekomen. Hij heette Georgy en was half Georgiër half Rus. Ik hoorde hem aan zonder het flauwste idee te hebben waarover hij het had, maar ik dacht: 'wat een prachtige ogen!'

Dit keer was een grote groep Russiche mystici gekomen, die geïnteresseerd waren in westerse soefisme. Kliment was er niet bij en Georgy leek een beetje op hem, maar zag er wat vriendelijker uit. Ik kreeg direct het gevoel, dat ik hem goed kende, alsof hij een oude vriend van mij was. Ik had eigenlijk vanaf de eerste ontmoeting met Vsevolod en Kliment het gevoel gehad, dat ik ze al lang kende, maar bij Georgy was dit gevoel het sterkst en duidelijkst.
Ik nodigde ze uit bij mij te dineren. Vsevolod zei dat in de Russische groep een danseres van Indiase dansen was en dat ze haar kunst

graag aan mij wilde laten zien. Kortom, die avond zou het gezelschap bij mij te gast zijn en ik haalde ze op.

Bij mij in de auto waren Vsevolod, Georgy en Parvaiz., een Soefi uit Novosibirsk, een stad ergens diep in Siberië. We zaten in de auto te wachten totdat de hele groep in de auto zat en ondertussen kletsten we wat.
Toen pakte Parvaiz, die achterin de auto zat, iets uit zijn zak en overhandigde het aan mij, met de opmerking dat deze foto belangrijk voor me was. Ik keek naar de foto en snakte naar adem, zo verbaasd en verrast was ik. Het was een zeldzame foto, een afbeelding van de Meester Morya, die ik kende van de Theosofie. Het was bijna dertig jaar geleden, dat de toenmalige Theosofische leider, de heer Kork, mij twee zeldzame afbeeldingen had gegeven van de Meesters Morya en Koot Hoomi, die eind negentiende, begin twintigste eeuw, Helena Petrovna Blavatsky opdracht hadden gegeven de theosofische kennis in de wereld te verspreiden. Gezegd werd, dat deze Meesters, en nog steeds, ergens in de Himalaya wonen, in Shambalah.
Ik herinner me nog, dat ik toen erg onder de indruk was, vooral omdat een van de twee foto's leek op iemand die ik destijds in Italië in een droom had gezien. En een van deze foto's, die van de Meester Morya, had ik nu in mijn hand en die was helemaal uit Siberië naar mij toe gekomen...! Was dit een toeval, een teken? Ik wist niet wat ik ervan moest denken, maar ik wist dat toeval niet bestaat. Ik beschouwde het als een hernieuwd contact met lang vervlogen tijden...
Die avond was interessant: Georgy bood aan in de keuken te helpen en bleek een goede kok te zijn. De Indiase dansen werden goed uitgevoerd en ik kreeg veel verhalen over Rusland te horen. In die tijd had ik vaak last van rug- en nekpijnen en Vsevolod, die zag dat ik er last van had, zei dat Georgy mij kon helpen, want, zo verzekerde hij, Georgy was een uitstekende genezer. Georgy masseerde enkele

punten in mijn nek en schouders, soms stevig erop drukkend, en binnen tien minuten was ik opgeknapt.

Ik had weer het gevoel dat ik hem al heel lang kende.

De Russen en ik ontmoetten elkaar dus weer, tijdens de Zomerschool in 1992, en we spraken enige malen af om met een groep Hollandse en Russische Soefi's bij elkaar te komen, dus ook bij mij thuis. Nou, dat werd toen weer een vrolijke boel. Er was vanaf het begin een soort herkenning. Ik was zeer op ze gesteld en noemde Vsevolod, Georgy en Kliment 'mijn drie broers, die weer uit het universum waren teruggekomen'. Andere Russische Soefies vond ik minder interessant.. Ik kreeg, uiteraard, de Russische wodka-inwijding, die niet helemaal nieuw voor me was, en we praatten, dansten en vermaakten ons goed.

Zo herinner ik mij hoe Vsevolod, toen wij een keer met ons drieën op de pier bij de vuurtoren in Scheveningen zaten, mij, enigszins in de stijl van de roman over Don Quichot, in de ridderschap van de orde van de heilige Bonaventura en de heilige Jurgen inwijdde, 'die', zoals hij zei, 'weten wat het juiste werk aan ruimte en tijd is.' Ik herinner mij ook, dat wij een keer met ons drieën in Clingendael onder de grote beuken bij de vijver zaten. Vsevolod tekende toen met een takje op de grond een driehoek met een hart in het midden. 'De hoeken,' merkte hij op, 'zijn ons vreemde drietal: Georgy, Kliment en ik, en het hart in het midden ben jij.' Ik heb later een kleine, gouden broche van dit symbool laten maken.

Ik herinner me, dat, als ik op straat naast Vsevolod liep, ik vaak de vreemde sensatie had dat ik begon te zweven, ik voelde me heel licht worden, ook in mijn hoofd. Ik vond het niet zo prettig, maar vatte het op als nervositeit en dacht er verder niet over na.

In de Soefi Zomerschool was iedereen heel hartelijk tegen ze, en men deed zijn best om het leven in Holland aangenaam voor ze te maken.

Dat jaar, in september 1992, slaagde ik erin, samen met een vip van de Soefi Kring, het toeristenvisum van Vsevolod en Georgy een maand te verlengen, zodat ze in Holland konden blijven, wat rondkijken en hun contacten uitbreiden. Van die contacten hielden ze een systeem bij, ze schreven de naam van iedereen met wie ze gesproken hadden op, met adres en telefoonnummer. En ze zouden bij mij komen logeren.

Nu kreeg ik te maken met de leuke en minder leuke kanten van het gezelschap.

Het leuke was bijvoorbeeld het moment, dat ik voor het eerst met Vsevolod en Georgy naar de supermarkt ging. We zouden samen boodschappen doen en zij zouden 's avonds koken. We waren nauwelijks in de supermarkt of ik voelde dat links en rechts mijn armen stevig omklemd werden. Ze hielden zich aan me vast, en keken stomverbaasd rond. Ze waren onder de indruk van de overvloed aan artikelen. Zoiets waren ze niet gewend in Rusland. Zo bleven ze verbluft staan bij de, naar hun opvatting, erg luxe blikjes honden- en kattenvoer.

Ik herinner me van mijn bezoek aan Rusland in maart 1993, dat de winkels klein en onopvallend waren, als privé huizen. Je kon daar, meestal in een wat schemerige ruimte, wat artikelen kopen, vervolgens in de rij gaan staan om op een, voor mij ouderwetse, wijze bij een juffrouw via een soort telraam of een ouderwetse kassa, af te rekenen. Soms met een handgeschreven bonnetje, dat je dan weer ergens moest afgeven.

Nou, tijdens het boodschappen doen in de supermarkt in Den Haag hebben we elkaar dus goed vastgehouden en dat beviel me uitstekend! Ik vond het heel gezellig. Toen we daarna langs een terrasje liepen, riep een dame die daar met vriendinnen een kopje koffie

dronk: 'hé zeg, dat is oneerlijk, ik heb er thuis maar één!' Ik gaf haar
een knipoogje en liep tevreden verder.

Ze logeerden dus bij mij en ik ging iedere dag naar mijn werk. Ik
was administrateur bij een jeugdhulpverleningsinstelling en had
daar veel werk te doen, want we zaten midden in een fusie. Dus dat
betekende veel extra werk.

Nou, toen maakte ik kennis met, dacht ik, de cultuurverschillen.
Op de tweede dag spraken we 's ochtends af, dat zij boodschappen
zouden doen en 's avonds koken, dan hoefde ik dat niet te doen. Ik
ging opgewekt naar mijn werk. Toen ik om zes uur 's avonds thuis
kwam was het huis leeg, de ramen stonden wijd open, het had geon-
weerd en geregend en er was geen spoor van mijn gasten, wel wat
rommel. Geen briefje of ander teken, de dagen daarna zelfs geen
telefoontje. Helemaal niets. Ze bleven een week weg. Opeens stonden ze zaterdagochtend weer voor mijn neus. Ik was blij ze weer
te zien, want ik was aardig gefrustreerd geraakt. Ik wist absoluut
niet hoe ik op de situatie moest reageren. Toen ik er iets over zei,
antwoordden ze: 'Oh, we hebben wat mensen bezocht en zijn toen

maar blijven logeren'. Natuurlijk zei ik, dat ik dat kon begrijpen, maar dat ze mij wel even hadden kunnen informeren. Dit flikten ze me nog een of twee keer daarna. Ik was te ontdaan om adequaat te reageren. Hoe moest ik dit nou opvatten? Later heb ik begrepen, dat het helemaal geen cultuurverschillen waren, maar doodgewone hufterigheid. Ik was zoiets totaal niet gewend, had dat nog nooit meegemaakt en stond, toen nog, machteloos.

Nu zou me dat niet meer gebeuren, maar ik was toen als verdoofd door deze grove manier van optreden. Ik beschouwde ze als mijn vrienden, als mijn gasten, en ik was zeer gastvrij en niet bedacht op lompheid. Ook was ik niet gewend, dat mijn whisky en wijnvoorraad in uiterst korte tijd volledig geplunderd werd, en als ik die, gewetensvol, weer had aangevuld, die zo weer weg was. Ik stopte dus met aanvullen.

Ook bij de Soefi's zorgden mijn Russische vrienden voor verrassingen.

Ik herinner me, dat Vsevolod tijdens de Soefi zomerschool in 1992 bij een vriendelijke Soefi diplomatenfamilie in Wassenaar logeerde. Op een avond bij mij thuis, gaf hij te kennen, dat hij ook graag bij mij wilde logeren. Georgy was al een paar dagen eerder bij mij ingetrokken. Nou, ik vond het best. Hij wilde direct verhuizen en zijn bagage ophalen. Het was tegen middernacht, dus ik zei dat het onmogelijk was, omdat zijn gastheer en gastvrouw misschien al in bed lagen.

Nee, dat was niet zo, hij wist dat die mensen geen bezwaar zouden hebben.

'Gedienstig als altijd' en zonder er verder over na te denken, reed ik ze iets na middernacht naar Wassenaar. Vsevolod had de sleutel, ging het huis binnen om zijn bagage te halen en ik wachtte buiten met Georgy. Vanwege het late uur, zat het mij toch niet zo lekker. Na een kwartiertje kwam Vsevolod weer naar buiten, met zijn plunjezak. Hij vertelde, dat hij heel zacht had gedaan, maar dat hij opeens voor de gastheer had gestaan, die in pyjama was. Hij had verbaasd gevraagd wat er gaande was? Dat had hij hem uitgelegd en was toen met de plunjezak vertrokken. Later heb ik natuurlijk de gram van deze familie, en anderen, over me heen gekregen en dat is begrijpelijk. Ik had wijzer en bijdehanter moeten zijn en Vsevolod moeten zeggen, dat de verhuizing ook de volgende dag wel kon. Maar dan had ik weinig tijd, omdat ik naar mijn werk moest, dat was het probleem.

Ze bezochten feestjes te hunner ere bij Soefi's, vooral dames, en daar ging het, volgens de verhalen, want ik was er zelf nooit bij, nogal fors aan toe v.w.b. drank en dergelijke. De vrouwen waren verrukt over die knappe Russen, en de Russen, vermoedelijk evenals de vrouwen, leken niet te weten wat ze overkwam met al die sjans. Vermoedelijk onderwezen ze de dames door de middel van de 'teaching situations' van hun school, zoals ze dat in Rusland deden, en dat werd aanvankelijk interessant gevonden. Maar v.w.b. de verwachtingen die ze hadden gewekt, dat viel later tegen en enige dames knapten daar flink op af. Ik hoorde, dat je niet verbaasd moest zijn als je ergens in zo'n privé huis plotseling tegenover een Soefi dame (van stand) in eva's kostuum, stond, die goedgeluimd met een mes zwaaide en kreet: 'zeg op, waar is God!' Later werd het me duidelijk, dat de heren ook in Rusland niet bepaald teerhartig met hun dames omgingen.
De vips in de Soefi Kring bleken te denken, dat ik die 'liederlijke' situaties had georganiseerd! Eind 1992, bijvoorbeeld, was een Soefi dame zo vriendelijk geweest om haar lege huis tijdelijk aan de Russen ter beschikking te stellen, zodat die daar hun ontmoetingen konden organiseren. En toen vertelde, tot mijn verbazing, een andere vip dame me treurig, dat *zij* nog wel de matrassen voor die feesten ter beschikking had gesteld...! En ik was dus ook schuldig, omdat ik de Russen hielp dat allemaal te organiseren!!! Ik wist niet direct waarover ze het had, maar het ging dus over haar vermoeden van drank en seks. Hoewel ik niet vaak bij de activiteiten in dat huis aanwezig was geweest en nooit iets liederlijks had meegemaakt,

dacht ik haar gerust te stellen door te zeggen, dat dàt wel mee zou vallen. Maar dat sloeg niet aan.

Deze Russen wisten niet hoe ze zich tegenover vrouwen, dames, moesten gedragen. Ze hadden kennelijk nog nooit gehoord van regels van fatsoen en respect, en dat een vrouw iets anders is dan een man, en geen wegwerpartikel. Hoe ze in Rusland met de Russische vrouwen omgingen, was, zoals ik later hoorde, ook niet bepaald fris. Ik begreep, dat het daar vaak sterke vrouwen betrof, keihard en hatelijk naar mannen toe en dat, vooral in de Moskouse mystieke ondergrondse kringen, een stel kenaus de toon aangaf. De Sovjet regering was altijd vrouwvriendelijk geweest en volgens de verhalen waren heel wat mannen in Rusland daarvan de dupe geweest, zoals trouwen, in de flat van de man trekken, echtscheiding aanvragen en de man eruit gooien. Dit was wettelijk mogelijk.
Onze drie Russen waren uiterst macho en later werd het me duidelijk, dat een vrouw, en zeker haar gevoelens, bij hen niet in tel waren. Het woord 'respect' kenden ze niet. Later zei een vrouwelijke Soefi, medewerkster van Pir Vilayat Khan, tegen me dat de Russen geen enkele relatie met hun innerlijke vrouw hadden en dat ik me maar niets van hun gedrag moest aantrekken. Verder constateerde ik bij de heren, dat 'het doel dat de middelen heiligt' als hun werkmodel gold.
Uiterst pijnlijk was, dat een van die dames wel heel slecht door hen behandeld is. Ze had na een dergelijke logeerpartij verwachtingen gekregen en liet mij blijken vooral Georgy erg aardig te vinden, waar ik belangstellend kennis van nam. Vooruitlopend op hun terugkomst in Holland (want ze waren weer terug in Rusland) was zij alvast Russisch gaan leren. Ze was een aardige, spirituele, Hollandse vrouw.
Al spoedig lieten ze haar als een baksteen vallen en ik herinner me nog, met pijn in mijn hart, hoe zij in de van der Aastraat, de betreffende huis, waar de Russen in december 1992 hun workshops hielden, als gebroken naast Vsevolod zat. Ik hoorde haar zeggen:

'maar ik dacht, dat jullie mijn vrienden waren..!' Vsevolod zat stil-
letjes naast haar. Ik dacht zoiets als 'the fox behind the bushes', wat
me later vaker te binnen is geschoten...
Ik weet niet wat ze met haar gedaan hebben, wat er gebeurd was.
Het doet me nog steeds pijn als ik eraan denk, terwijl ik er niets mee
te maken had en niet weet welke verwachtingen bij haar gewekt
waren. Ik wist niet wat ik doen moest, moest ik me ermee bemoei-
en en haar vragen wat er aan de hand was? Toen ik Georgy daarover
vroeg, was het antwoord natuurlijk dat er niets aan de hand was.
Later zei diezelfde vrouw tegen me: 'Oh, ga jij om met Georgy, nou
okay, dat is best'. Ik was een beetje verbaasd. Het leek wel of ze van
iets afstand deed, maar waarvan? Nee, het was allemaal niet leuk. Ik
bleek in een schuitje te zitten, waar ik niet meer uit wist te komen,
want ik was zeer gesteld op Georgy, met al zijn charmes.
Zo was het voor mijn drie vrienden de normaalste zaak van de wereld, dat de vrouw alles betaalde, ik dus voornamelijk, en dat ze
door de morele en financiële steun van deze vrouw voor hun school
prachtige kansen in Holland, in het westen, hadden gekregen. Ook
deze beste vriendin, die ze altijd hielp, ik dus, bleek uiteindelijk een
wegwerpartikel te zijn. Maar dat komt nog.

Toen ik Georgy in augustus 1992 in Katwijk ontmoette, gebeurde er
direct iets met me. Hij was een stuk jonger dan ik, meer dan twintig
jaar, en hoewel ik hem heel graag als vriend wilde, dacht ik niet aan
een vaste relatie en zeker niet aan trouwen.
Ik was net, in 1990, gescheiden en heel tevreden met mijn vrije,
creatieve leven. Ik deed van alles met vrienden en kennissen, ging
in mijn blauwe Saab op stap, ontmoette interessante mensen, zoals
de Ajib Brothers, een wereldberoemde Indiase klassieke muziek-
groep, die bij mij thuis concerten gaf. Ze hadden me al als hun belangrijkste gast voor hun concert in Londen uitgenodigd en ook om
naar Lahore te komen, waar zij woonden. Een vriend van hen, Azat,
vertelde me dat ik in Lahore heel bijzondere dingen zou meemaken: de Brothers waren daar zo geliefd en werden zo vereerd, dat

mensen zich ter aarde wierpen als ze voorbij kwamen, en volgens hem, zou dat ook bij mij gebeuren...

Ik ging naar Canada, de Rocky Mountains, naar een Soefi kamp, ik deed bestuurswerk voor de Soefi Kring, waardoor ik contact had met mensen over de hele wereld. De ene keer werd ik opgebeld uit Australië, dan weer uit Canada, en zo ging dat door. Ik organiseerde bij mij thuis huisconcerten met leerlingen van het Koninklijk Conservatorium, waar mijn pianolerares les gaf, en die dat graag als oefening voor hun eindexamen deden. We musiceerden met open ramen en de volgende dag kreeg ik, tot mijn opluchting, positieve reacties van de buren, zoals dat 'er zulke prachtige muziek was gespeeld' en dat men 'ervan genoten had'. Ik had nog meer actief in de Soefi Kring kunnen zijn, maar hier kwam de klad in, omdat ik conflicten met de vips kreeg en bepaalde zaken niet over mijn kant liet gaan. Later ontdekte ik dat ik daarbij, zonder enig vermoeden daarvan, midden in de intriges tussen twee vip dames terecht was gekomen.

Daar zal ik iets over vertellen:

Het betrof mijn inwijding tot cheraga, dat is een functionaris bij het uitvoeren van de Universele Eredienst van Inayat Khan, en dat wilde ik graag gaan doen. Een aantal maanden daarvoor was me toegezegd, dat ik tijdens de zomerschool, in augustus, zou worden ingewijd. Er werd een datum vastgesteld en ik moest me voorbereiden. Mijn murshida Sharifa, die mij zou inwijden, had in die tijd haar voet gebroken en lag in het ziekenhuis. Er werd geregeld dat Wahida van Loo, een Soefi murshida, me zou inwijden. Dat vond ik uitstekend, want ik waardeerde haar zeer. Ik verscheen die dag op de afgesproken tijd, 's middags om ongeveer half twee, in de zaal van de Soefi Tempel, waar een Universele Eredienst zou worden georganiseerd. Men vond dit een goede gelegenheid om de aanwezige studenten, als leerstof, met deze inwijding te laten kennismaken.

Voordat ik van huis vertrok had ik, samen met mijn moeder, die overigens nooit iets van mijn Soefi activiteiten wilde weten, de tekst van deze inwijding doorgelezen en voor het eerst was zij er heel positief over geweest en vond de tekst prachtig. Dat vond ik ook en ik was onder de indruk, dat ik dit mocht meemaken. Eerbiedig en nederig arriveerde ik op de afgesproken tijd in de zaal, die vol studenten was. De functionarissen en getuigen bij deze inwijding waren aanwezig en droegen hun zwarte robes. Ik ging vol verwachting en met een gelukkig gevoel op een stoel in de zaal zitten. Ik zou worden geroepen.

Twintig minuten voordat de universele eredienst zou beginnen kreeg ik bericht, dat ik bij R., een van de vips, moest komen. Ze vroeg me om mee te komen en we gingen samen een vertrek naast de zaal binnen. Zij ging tegenover me zitten. Wat er toen volgde was voor mij totaal onverwacht: na een voor mij verwarrende inleiding kreeg ik te horen, dat de inwijding niet door zou gaan. Ik wist niet wat me overkwam en verstijfd van schrik dacht ik: 'ik heb vast iets verschrikkelijks gedaan...' Ze sprak me vermanend toe, en door de schok ving ik slechts de helft op van wat ze zei. Ik herinner me haar woorden niet meer precies, maar wat ik er van begreep vond ik van de zotten. Ik vond dat ze zich mengde in zaken die haar niets aangingen. Mijn verbazing werd nog groter toen ze eindigde met: 'dat ik mijn relatie met Murshida Sharifa maar eerst eens in orde moest brengen'. Ik was mij niet bewust van het feit, dat dit nodig zou zijn; ik had, dacht ik, altijd een goed contact met haar gehad. Misschien was mijn relatie met haar, als mijn murshida, niet precies wat het moest zijn, vanwege het feit dat zij directrice van mijn middelbare school was geweest en iedereen (ook ik) toen nogal bang voor haar was. Misschien was dat bij mij nog niet helemaal over.

Totaal van de kaart ging ik via de achterdeur van de zaal naar buiten. Daar stond Azim, een mede-mureed, die me meewarig aankeek en nog even iets fluisterde van: 'wat hebben ze nu weer uitgehaald'. Ik reed naar huis. Het was een grauwe, mistige dag. Thuis kwam mijn moeder, die beneden woonde, me tegemoet. Ze keek me verwach-

tingsvol aan, en zei toen, direct wetend: 'het is dus niet doorgegaan'.
En toen, voordat ik iets had kunnen zeggen, zei ze: 'ze moesten die
Kader-aga ontslaan. Die deugt niet voor z'n werk'. (Kader-aga was
de grote baas van het geheel). Ze steunde me, zoals altijd, en stond
vierkant achter me.

Veel later hoorde ik, dat er, vóór het begin van de universele eredienst, een overleg van een aantal vips was geweest over een cryptisch briefje, dat Murshida vanuit het ziekenhuis had geschreven en
dat mijn inwijding betrof. Cryptisch, omdat ze op een vage manier
had aangegeven, dat er iets met mijn inwijding niet in orde was.
Later heb ik begrepen dat het ging over wie mij zou inwijden, en
dat Murshida had aangegeven dat zij vond, dat zij dat had moeten
doen. De vips wilden kennelijk geen moeilijkheden met haar krijgen, want ze had nogal wat in de melk te brokkelen en misschien
voelde ze zich wel beledigd... Ze kozen er dus voor om ongeveer
een kwartier voor deze, voor iedere mureed (leerling), belangrijke
inwijding, de kandidaat naar huis te sturen.

Veel Soefi's spraken daarna schande van de manier waarop dit gegaan was. Het was een issue geworden, want ik accepteerde het
niet, en vond dat de gang van zaken getuigde van een gebrek aan
menselijk respect. Murshida van Loo nam dezelfde middag nog
contact met me op, want ze wilde niet dat ik 'door dit voorval beschadigd zou worden'. Deze sympathie voor een mureed, die in een
kruisvuur tussen twee soefi vip dames terecht was gekomen, vond
ik erg lief. Toen legde ik met onmiddellijke ingang mijn functie van
secretaris van het bestuur van Soefi Tempel neer en ik heb mij daar
een tijd lang niet meer laten zien.

Maar nu, door mijn ontmoeting met de Russen, was ik in spannend
vaarwater terecht gekomen, en dat beviel me wel. Al spoedig vertelde ik Murshida Sharifa: 'Met de Russen heb ik het gevoel, dat ik
vanuit een benauwd, donker achterkamertje verhuisd ben naar de
top van een berg, met een wijds uitzicht en tintelende, frisse lucht'.

Hoe spannend het zou worden, en hoeveel schrammen en verwondingen ik daarbij zou oplopen, wist ik toen nog niet. Hoe dan ook, eind 1992 was Georgy bij me ingetrokken en in juni 1993 trouwden wij.

Het werd tamelijk snel duidelijk, dat Vsevolod een spirituele omgeving wilde creëren, die zijn boodschap kon ontvangen.
Begin februari 1993 richtten we met Vsevolod en enige andere aanwezigen de 'schoolstichting' op, gevestigd op mijn adres in Den Haag. Ik was oprichter en penningmeester; Vsevolod was voorzitter en Georgy secretaris. Ik verzekerde hen, dat ze mijn huis als 'hun eigen grond' konden beschouwen, want zoals altijd was ik idealistisch en vol goede moed...
Hoewel ik op het Soefisme gericht was, dacht ik dat Vsevolod heel wat te vertellen had. Ik zag, dat hij op de hoogte was van de Theosofie en volgens hem waren zij ook soefi's en wel van de Nakshibandi Orde in Zuid-Rusland. Dat waren moslim soefi's en de Soefi Kring van Inayat Khan was, zoals onder meer blijkt uit de kaarsen op het altaar van zijn Universele Eredienst, gericht op de zes wereldgodsdiensten, en de zevende kaars was gewijd aan 'diegenen, die bekend of onbekend aan de wereld, het Licht der Waarheid hebben hooggehouden'.
Wat ik toen nog moest ontdekken, was dat Vsevolod door een aantal Russen als een meester werd beschouwd, een Hermetisch Meester. Die Russische mureeds waren bij de Zomerschool in Katwijk, omdat ze de Soefi's Wahid en Wahida van Loo al in Moskou ontmoet hadden en zich door hen hadden laten inwijden. De Soefi Kring had hun overkomst naar Holland gefinancierd. Vsevolod vond het uitstekend dat zijn volgelingen naar de Soefi Beweging gingen en had hen zelfs daarheen gestuurd 'ten behoeve van hun ontwikkeling', zoals hij zei. Het woord 'hermetisch' zei de westerse Soefi's heel weinig en het heeft lang geduurd voordat ik zelf een redelijk beeld van het Russisch Hermetisme had gekregen.

Vsevolod streefde, zoals hij tegen me zei, geen pak volgelingen na, want zijn school was niet georganiseerd, zoals de Soefi Kring, maar functioneerde informeel. Buiten het feit dat hij een persoonlijke, spirituele boodschap had, was er geen structuur, geen organisatie van een 'school'. De activiteiten van de drie Russen in Rusland, vóór de val van het Sovjet regime, waren divers geweest en hun spirituele gerichtheid was meer paganistisch georiënteerd, zoals ik begreep. Eigenlijk waren ze m.i. zelf ook nog zoekend, Kliment en Georgy zeer zeker, Vsevolod waarschijnlijk ook, want volgens mij was hij 'het' nog niet toen we hem in Holland ontmoetten. Hij had een hoge opvatting over zichzelf en zijn missie. Tot nu toe hadden ze seminars over spirituele ontwikkeling gehouden in de Baltische Staten en in Moskou en St. Petersburg, en Vsevolod's volgelingen waren tamelijk los-vast met hem verbonden.

Later kwam ik te weten, dat het fenomeen van een geestelijk meester in Rusland vaak voorkomt, dat zo'n meester een, afwisselend, groep(je) mensen om zich heen verzamelt, die kortere of langere tijd met de meester optrekken, dat dit dynamische gebeuren niet vergelijkbaar was met het beeld en de manier van werken en presenteren van de Soefi Kring, en dan hebben we het nog niet eens over de wodka... Zo'n groep functioneerde ondergronds, want in de tijd van de Sovjet Unie was het verboden zich met esoterische en/of godsdienstige zaken bezig te houden. Ook verplaatsten die groepen zich snel om niet te lang op een plek te blijven en op te vallen. Het leven in Rusland was hard, heel hard en mijn drie Russische vrienden bleken dan ook vol angsten en trauma's te zitten, vooral als het woord 'politie' viel. Ze kenmerkten zich, vooral in het begin, door een charmante, maar nogal lompe manier van optreden, een beetje 'barbaars' zoals ik dat nog steeds noem, en ongewild en door onverschilligheid veroorzaakten ze heel wat schade, niet alleen in de Soefi Kring maar ook bij mensen waar ze te gast waren.
Veel later heb ik begrepen, dat ze in zekere zin geprogrammeerd waren door het fenomeen van de Moskouse mystieke ondergrond-

se kringen, waar ze veel jaren mee te maken hebben gehad, die zich spiritueel noemden, maar waar de menselijke beschaving en onderlinge consideratie ver te zoeken waren. Er werd daar gezopen, gefeest, gepest, beledigd, mensen werden afgebrand, in de goot geschopt, kortom: er bestond weinig meer dan een grove overlevings- en geldingsdrang. Zo is mij dat verteld en dit is te lezen in Kliment's boeken over de Russische mystieke Ondergrondse. Maar Vsevolod bleef kennelijk hopen, dat hij daar mensen zou vinden die zijn leer zouden aanvaarden en hem volgen. Hij wilde een kleine, geselecteerde groep stichten die zijn hermetische boodschap zou begrijpen en verspreiden. En nu was hij dan in Holland.

Het eerste jaar in Holland ontkwamen ze niet aan een cultuurshock, maar helaas herkende niemand dat als zodanig, zij zelf het minst van allen. Daar waren ze iets te arrogant voor, want, als echte Russen, zagen zij het als hun missie om het spiritueel achterlijke, decadente en materialistische westen te 'kerstenen'. Dat is een typisch Russisch trekje: de missie naar het westen. De eerste jaren hebben ze dan ook door onbegrip en onbekendheid met de westerse cultuur veel pijn om zich heen veroorzaakt, met als gevolg dat de vips en een aantal leden van de Soefi Kring zich tegen hen keerden.

Die waren nu begonnen hun eigen schaduw op de Russen te projecteren, en: op mij! Ik werd beschuldigd van verraad, omdat ik, door mijn romance met Georgy, nogal intensief met de Russen omging. Ik heb vele malen getracht de beschuldigingen van de Soefi's aan mijn adres te ontzenuwen, want ze waren onterecht en dat was te bewijzen. Maar tot jaren daarna vond een aantal van hen het nodig om de, op hun geprojecteerde fantasie gebaseerde, stokslagen te blijven uitdelen. Het is me nog steeds een raadsel hoe het zo ver heeft kunnen komen. Het had vermoedelijk met 'macht' te maken en de Soefi vips hadden gemerkt, dat Vsevolod niet de eerste de beste was en waren kennelijk bang de macht in hun organisatie kwijt te raken. Oorspronkelijk hadden ze dan ook bepaalde functies in de Soefi

Kring voor hem op het oog, zoals algemeen vertegenwoordiger van
de Soefi Kring in Rusland. Maar Vsevolod vond dat niet interessant,
hetgeen begrijpelijk is, gezien vanuit zijn positie en zijn missie en
hij liet dat wel merken.

Ik stond achter het stichten van Vsevolod's school in Nederland
en had niet vermoed, dat de Soefi Kring daar zo negatief over zou
zijn. Ik zag geen enkele samenhang van onze stichting met de Soefi
Kring, buiten de gewenste samenwerking, en ik zag zeker geen reden voor bezwaren van hun kant.

Later zou blijken dat de Boodschap van Vsevolod aan het westen,
nauwelijks verband hield met de Boodschap van Soefi Hazrat Inayat Khan. Inayat Khan predikte de eenheid van alle godsdiensten

op basis van de mystieke Islam, en het ethische 'liefde, harmonie en schoonheid', de verfijning en transparantie van de ziel.

Vsevolod's boodschap hing samen met het orthodoxe Christendom, het hermetisme en de alchemie. Dit zou zich in de loop der volgende jaren gaan uitkristalliseren en geeft misschien een verklaring voor de problemen die alras met de SK ontstonden. Vsevolod was volstrekt niet van plan zich voor het karretje van de Soefi's te laten spannen, want hij had zijn eigen programma en doelen. Het persoonlijk optreden was aan beide kanten niet altijd even elegant. Het leek er zelfs op of de SK hem op een gegeven moment als een gevaarlijke bedreiging ging beschouwen, en dat had, mijns inziens, geen enkele grond en kwam voort uit angst en projecties van de eigen negativiteit, zoals angst voor verlies van hun organisatie. Vsevolod bracht, samen met zijn belangrijkste leerling en assistent Kliment, en diens leerling Georgy, in het begin veel kennis over van spirituele tradities en culturen, die in de loop der eeuwen bestaan hebben, zodat ik zelf de eerste jaren dacht, dat hij het over Theosofie had. Georgy probeerde de lezingen voor de Nederlandse groep in het Engels te vertalen; in het begin ging dit gebrekkig, maar hij deed het steeds beter. Een paar jaar later vertaalde hij de lezingen zelfs in het Nederlands!Dit alles had heel veel gebeurtenissen tot gevolg, zoals het seminar in Letland dat Georgy en ik in mei 1993 organiseerden, en dat voor veel mensen onvergetelijk geweest is, ook voor mij. Dit seminar was ook bedoeld voor deelname door Soefi's en Vsevolod had met een paar vips van de Soefi Kring vooraf afspraken hierover gemaakt. Toen maakte opeens murshid Haseem om onduidelijke redenen, vlak voor het seminar, een einde aan de samenwerking.

Dit was een schok, maar we besloten om het seminar toch te laten doorgaan. Het heeft de relatie met de SK er natuurlijk niet beter op gemaakt, want Haseem Khan begon de Soefi's voor Vsevolod te waarschuwen. Vermoedelijk hebben Russische mureeds (oorspronkelijk leerlingen van Vsevolod) zich ongunstig over Vsevolod uitgelaten met het doel een wit voetje bij de SK te krijgen, want er

waren aantrekkelijke Soefi functies in Rusland te herverdelen, zoals nationaal vertegenwoordiger, die oorspronkelijk aan Vsevolod
werd toegedacht, e.d.!

Met de toenmalige leider van de SK kreeg ik ook nog een groot
conflict over onze pas opgerichte stichting. We hadden een rond-
schrijven hierover gestuurd aan de mensen, wier namen en adressen in de zakboekjes van de Russen stonden. Dat bestand heb ik
nog steeds. De leider Haseem Khan, en met hem zijn volgelingen,
verweet mij dat ik stiekem de namen en adressen van het Soefi Her-
berg-bestand had gebruikt, dat vanwege mijn functie in mijn bezit
was. Ik had dus, volgens hen, hun vertrouwen geschonden en ik was
onbetrouwbaar! Nou, hun beschuldiging was ongegrond, want we
hadden gebruik gemaakt van de adresboekjes van de Russen, en
dat heb ik duidelijk gezegd, maar men ging rustig door met de las-
tercampagne. Mijn reputatie moest kennelijk gebroken worden.
Ik werd, als 'verdachte' mureed (leerling), bij Haseem op het matje
geroepen en streng onderhouden over het feit dat ik de oprichting
van de schoolstichting niet eerst met hem had overlegd en zijn
toestemming had gevraagd. Ik luisterde stomverbaasd naar zijn
betoog en antwoordde, dat ik hem niet begreep. 'Had ik dan alle
esoterische organisaties in Den Haag en omgeving eerst om toestemming moeten vragen? Ik ben toch vrij om een stichting op te
richten?' zei ik. Ik begreep niets van zijn opwinding, maar ze waren
allemaal erg boos op me. Het leek wel of ze in paniek waren en (m.i.
onterecht) bang waren dat de Russen (en misschien zelfs wel ik!)
de Soefi Kring zouden kapen!
De beschuldigingen en de roddel over mij hebben jarenlang geduurd. Medio 1995 besloot ik dan ook om mijn lidmaatschap van
de SK te beëindigen. Het contact met mijn lerares, murshida Sharifa, was toen al geminimaliseerd. Zij was inmiddels verhuisd naar
een chique tehuis voor ouden van dagen en ik had het veel te druk.
Mijn vertrek bij de SK had natuurlijk niets te maken met mijn rela-

tie/contact met murshid Hazrat Inayat Khan, maar alleen met de mensen rond zijn boodschap.

Er ontstond hierna, in 1993, voor de Russen een nieuwe situatie in hun relatie met de SK en ook met mij. Ik kreeg prompt mijn eerste hevige ruzie met Kliment, omdat hij geëist had, dat ik onze folder van het seminar in Letland in de enveloppen van de eerstvolgende zending van het blad Soefi Herberg van de Soefi Kring zou voegen. Ik was, als manager van dit blad, n.l. verantwoordelijk voor de verzending. Want ik hoorde toch bij de Russen, en de SK was nu toch de vijand... Ik zei, dat ik dat niet kon en niet wilde doen, omdat het niet met de redactie van Soefi Herberg was besproken en ik geen misbruik van vertrouwen wilde maken. Toen eiste hij, stel je voor, dat ik het toch deed. Dat weigerde ik natuurlijk, want ik piekerde er niet over. Toen zeurde hij, dat ik een schadelijke invloed had op de, oh zo belangrijke, activiteiten van hun school en dat ze dat niet konden gebruiken. Ik hield voet bij stuk en sedertdien is de verhouding van Kliment en mij, en niet alleen hierom, jarenlang heel slecht geweest. Er was meer. Hij was, bijvoorbeeld, ontzettend jaloers op de band die Georgy en ik hadden, want hij beschouwde Georgy niet alleen als zijn leerling, maar ook als zijn slapie. Wat ik daarvan zag was, dat Georgy als een knechtje behandeld werd en zich rot moest rennen voor beide heren. Ik was niet de enige die dat opmerkte, want een aantal Soefi's was in die tijd ook van mening, dat Georgy slecht behandeld werd. Zelf vond Georgy het een eer, want, zei hij, dat betekende in Rusland, dat je werkelijk een leerproces bij de meester doormaakt.

Ik was dus met mijn drie Russische vrienden met mijn neus in de boter gevallen. Helaas heb ik vanaf die tijd hun spirituele boodschap niet helemaal serieus kunnen nemen, hoe interessant de lezingen ook waren; ik meende daarin vaak de Theosofie te herkennen. En dat was bekende kost voor me. Overigens had ik in dergelijke situaties altijd de slogan, dat men 'aan de vruchten de boom kent'. Verder kende ik ze nog niet goed genoeg, ze vertelden nauwelijks iets over zichzelf en hun achtergrond, vooral Vsevolod niet. En ik kreeg de indruk, dat de andere twee een beetje bang voor hem waren, of misschien wel zijn.

Het was allemaal verre van mooi. Mijn familie en mijn vrienden waren van mening, dat ik me met mijn huwelijk met Georgy in een wespennest had gestoken, en dat mijn moeilijkheden bij de SK peulenschillen waren geweest, hiermee vergeleken. Ze maakten zich grote zorgen om mij. En dit alles was nog maar het begin van het 'feest' met mijn Russische vrienden en mijn Georgische echtgenoot... Door mijn huwelijk en Georgy's afhankelijkheid van mij en zijn afhankelijkheid van hen, kon ik niet direct met ze breken, dus bleef ik in de tijd daarna bij hun activiteiten betrokken, aanvankelijk meer zijdelings. Ondanks alles hadden ze iets aantrekkelijks en boeiends, ze waren meer dan die drie macho Russische beren, die niet met de porseleinkast weten om te gaan...

Ik heb ook goede tijden met hen en hun school beleefd en nam deel aan diverse activiteiten en buitenlandse seminars, die de moeite waard waren.

Vsevolod diende zich aan als een meester van het Russisch Christelijk hermetisme en ook van de alchemie. Elders in dit boek ga ik hierop in, als het over 'Faust in de eenentwintigste eeuw' gaat.

Vsevolod's voornaamste missie was en is, zoals ik begrepen had, de mensheid te wijzen op de mogelijkheid van een bewust contact en verbinding met de hogere, geestelijke werelden en op het onlangs aangebroken tijdperk van geestelijke vrijheid. Dit deed me aan de boodschap van Findhorn denken. Het was de weg van inwijding, de weg van de Gouden Ladder, zoals Vsevolod dat noemde, de weg van het Christendom. Er werd gezegd, dat hij in contact stond met machten in het universum en ik begreep dat deze machten geïnteresseerd waren in de geestelijke evolutie van de mens en van de hele kosmos. Ik was niet zo geïmponeerd, want vanwege de niet zo rijpe vruchten, had ik nog geen echt positieve indruk van de boom gekregen. Maar ik wilde het spel best meespelen. Verder wist ik, als Theosoof, dat een belangrijke opdracht bij geestelijke groei, is om goed te leren onderscheiden wat waar en niet waar is, wat misleiding is of niet, en dat is helemaal niet eenvoudig! Dat vereist een grondige training in de praktijk van het dagelijks leven, bij voorkeur onder leiding van een meester. We zijn in het gewone leven geneigd alles snel te geloven, vooral als het mooi klinkt en als we ons veilig denken, en vooral als het 'gezellig' is. Waarheid en misleiding worden vaak door een haarbreedte gescheiden en zie daar dan maar eens uit te komen als je op zoek bent naar God. Er zijn onnoemelijk veel zijpaden, die allemaal heel aantrekkelijk lijken en vooral goed voor ons ego zijn... Mijn devies is altijd geweest: een gezond wantrouwen en een kritische waarneming. Als iets zuiver en waar is, zal ik dat direct weten, daarop heb ik leren vertrouwen.

Kliment, een Kozak uit de Kaukasus, was de voornaamste leerling van Vsevolod en Georgy, een Georgiër, geboren in Kishinev, Moldavië, voelde zich meer een leerling van Kliment, omdat hij, zoals hij me vertelde, de grote energie en kracht van Vsevolod moeilijk kon verdragen. Hij voelde zich bij Vsevolod teveel in het diepe gegooid, terwijl Kliment zich bezighield met het opzetten van b.v. een werkprogramma voor de leerlingen, opdat ze zich psychisch konden reinigen en met hun verleden afrekenen. Dat sprak Georgy meer aan. Dit verschil tussen Vsevolod en Kliment is me in de loop der tijd ook gebleken door de wijze waarop de leerlingen van beiden zich gedroegen. Zij, die zich als leerling van Vsevolod beschouwden, in het begin waren dat hoofdzakelijk Russen, trokken veel en demonstratief close, met hem op en hadden iets arrogants, zoiets van: 'wij zijn de uitverkorenen'. Maar ik heb nog nooit opgemerkt, dat ze zich in iets speciaal van de anderen onderscheidden, buiten hun gebruik van veel wodka en nachtelijke festijnen met de meester tot in de ochtend. Het enige onderscheid zag ik in de manier waarop ze neerkeken op de 'lagere' scholieren. Maar iedereen accepteerde dat.

Vsevolod had een missie en hij had, tijdens hun reizen, Kliment en Georgy vaak verwezen naar het beroemde boek 'Koning Aap, De reis naar het westen', het klassieke Chinese epos van een avontuurlijke pelgrimstocht, oorspronkelijk geschreven door Wu Ch'eng-ên. Vsevolod wilde dat zijn leerlingen het meditatief lazen, want ze zouden hierin veel overeenkomsten vinden met het leven, dat ze leiden. 'Bestudeer aandachtig jullie vorige incarnaties,' zei hij herhaaldelijk tegen ze, 'jullie zullen daar antwoorden vinden op veel van jullie vragen.' De Aap was, zei Vsevolod, het prototype van Kliment en het Varken het prototype van Georgy.

Ten behoeve van hun missie reisden Kliment en Georgy, onder leiding van Vsevolod die zij als hun meester beschouwden, tijdens het Sovjet regime vijftien jaar lang door Rusland, Siberië, India en de gebieden in Azië die onder het Sovjet regime vielen, zoals o.a. Oezbekistan en Tadjikistan. 'Ondergronds', zo onzichtbaar mogelijk reizen weliswaar en met veel angsten en paniek voor de KGB en verraad, waarmee men in de Sovjet Unie regelmatig te maken had. Het was strafbaar als je je met spirituele zaken bezighield, en velen kwamen als straf in een psychiatrische inrichting terecht. De mensen waren bang en daarom onbetrouwbaar en wantrouwig. Ergens las ik, dat Prof. Andrej Sacharov, de vader van de sovjet-waterstofbom, in een interview, dat hij aan de Zweedse radio gaf, zei dat er in Sovjet-Rusland cynisme, apathie en uitputting, huichelarij, verval van de moraal en van de scheppende kracht heerste, waaronder vooral de intellectuele laag van de bevolking te lijden heeft. En verder: dat het nog tot zeventig jaar na de val van het Sovjet regime zal duren, voordat het Russische volk zich geestelijk en psychisch heeft kunnen herstellen, en weer enigszins geestelijk gezond zal zijn.

Een seminar in Letland, dat Georgy en ik in mei 1993 georganiseerd hebben, was het eerste internationale seminar dat we voor de school van Vsevolod organiseerden en dit ondervond, zoals ik al verteld heb, grote weerstand bij de SK.

Het zou gehouden worden bij Kasteel Toraida in Letland. Georgy en ik hadden toevallig ontdekt, dat er net een nieuwe luchtvaartmaatschappij was opgericht, tw. Lithuanian Airlines en dat we grote kortingen zouden krijgen op hun eerste vlucht van Schiphol naar Vilnius. Daarna zouden we met bussen naar Toraida getransporteerd worden en dat zou Kliment organiseren. Het ging er bij deze nieuwe airline zo ongedwongen toe, dat, toen bleek dat S., onze medestudente, haar paspoort vergeten was en een verklaring bij de douane nodig had om verder te kunnen reizen, het vliegtuig een uur op haar wachtte. Dit was natuurlijk uniek en het bracht ons direct in de juiste stemming.

Via een door Kliment voorgeschreven route werden we na aankomst in Vilnius per bus naar Toraida gereden en passeerden we o.a. de Berg van Duizend Kruisen, een beroemde heilige plaats waar iedereen een kruis kan neerzetten en een wens doen, die dan vervuld wordt. Er was een gigantische verzameling, wel duizenden, kruisen en het was indrukwekkend om daartussen rond te dwalen. Het verblijf in Toraida was heel bijzonder. De Letten en Russen hadden het zo georganiseerd, dat de Hollanders keurig in een hotel werden ondergebracht en zijzelf in klein hutjes bivakkeerden. Voor de Hollanders werd apart eten gekookt en keurig in een restaurant opgediend, en zij zelf kookten hun eten met behulp van elektrische waterkokers. Maar de wodka maakte alles goed.

Bij onze aankomst werden we door een paar Letten en Russen opgewacht, die ons naar onze kamers brachten. Naast mij liep een aardige Rus, en ik vroeg me af wie hij was, maar we konden niet praten omdat ik geen Russisch sprak. Hij bleek notabene mijn zwager te zijn, Georgy's broer! Die had ik natuurlijk nog nooit gezien.

Onze verblijfplaats was in de buurt van een rivier; daarin was een zanderig eilandje ontstaan waarop we een labyrint bouwden. We leerden dat we hier doorheen moesten lopen onder het uitspreken van gebeden en mantra's en dat we dan gereinigd werden, om aan de belangrijkste opdracht te werken: het verkrijgen van kosmisch bewustzijn. Je zou dit eerste seminar paganistisch-hermetisch kunnen noemen. Kliment hield lezingen over arcana's en begeleidde de oefeningen in het labyrint.

Op de laatste dag van het seminar stak een storm op en toen zagen we het eiland onder water verdwijnen... Alleen een paal, die we midden op het eiland hadden geplant, bleef er nog bovenuit steken. Het was voor iedereen een onvergetelijk seminar.

Eind 1993 konden wij, via een vriendin van mijn moeder, een étage in de van Speijkstraat huren. Oorspronkelijk hadden Georgy en ik deze étage gehuurd om zijn beroepsleven in Holland op poten te zetten, want we waren in juni getrouwd en ik was niet van plan om hem financieel te onderhouden. Daar was niemand mee gediend. Er werd een telefoon aangelegd en Georgy besloot wijn uit Moldavië te importeren,   want daar woonde zijn familie. Toen Vsevolod en Kliment een paar maanden later in Holland waren, bleek al gauw dat zij hier graag kamers wilden gebruiken voor hun ontmoetingen met belangstellenden. Dat vond iedereen een goed idee en Georgy en ik gingen akkoord.

Toen brak een interessante tijd aan, die iets minder dan een jaar zou duren en waarin Georgy en ik voor het 'Centrum van Speijk', allerlei activiteiten/cursussen organiseerden.

W. en K. logeerden medio 1993-medio 1994 in het Centrum van Speijk en hadden daar hun ontmoetingen met mystici en belangstellenden. Ik heb dat een heel leuke, creatieve tijd gevonden. Georgy en ik waren enthousiast bezig om een goed lopend, activiteitencentrum te stichten. Het lukte ons goed en het floreerde. Ik deed het naast mijn fulltime baan als administrateur bij een organisatie, die in die tijd aan het fuseren was, waardoor ik het erg druk had. Het Centrum van Speijk werd goed bezocht, we maakten en drukten het programma, hadden gastdocenten, Georgy deed workshops over oosterse genezingstechnieken, allerlei manieren van voorspellingen, Tarot, Tibetaanse klankschalen (het liefhebbende vrouwtje kocht prompt ter ondersteuning negen originele klankschalen), en hij hield lezingen over Gurdjieff en over de leringen van de Chris-

telijke woestijnvaders. Het centrum was duidelijk in ontwikkeling.
Dit liep zo een aantal maanden tot mei 1994.

Nu moet me nog iets van het hart.
Sprekend over 'machten in het universum' denken we direct aan
iets buiten ons. Ik heb met interesse de vele goden, godinnen en
heiligen van de diverse godsdiensten bestudeerd. Bij de Hindoes
b.v. was ik geboeid door de rol die al die, misschien wel honderden, goden en godinnen speelden in hun dagelijks leven. Ook in het
Christendom zijn er vele beelden en afbeeldingen van heiligen en
zelfs van Christus.
Interessant is, dat in iconen het *wezen* van de heiligen wordt weergegeven en de iconenschilders, evenals de orthodoxe gelovigen, geloven en weten, dat ze, bij het bidden tot zijn icon, de heilige daardoor werkelijk, *innerlijk* ontmoeten.
Eens volgde ik op de tv een debat tussen een rabbi en een filosoof/
atheïst, die als tegenpolen werden gepresenteerd. Ik was in staat
de argumenten van beiden tot het eind toe te volgen en ontdekte
tot mijn verrassing, dat ze in feite hetzelfde zeiden, maar vanuit
een verschillend uitgangspunt, een verschillend gedachtepatroon
en een verschillende terminologie, waardoor zij vonden dat zij zich
op tegengestelde wegen bevonden. De interpretatie van de wetenschapper was materialistisch en hij verwees naar de genen in de
hersenen, hij verkondigde dat er zelfs een godsgen is, die de religieuze voorstellingen van de mens produceert en hem, zoals hij het
formuleerde, dus danig 'voor de gek' houdt. Want er vindt, volgens
hem, niet meer dan een chemische reactie plaats. Het doel van de
mens is, volgens hem, *evolutie*, waarmee hij de materialistische
evolutie bedoelde. De rabbi ging daar tegenin en hij betoogde, dat
het uiteindelijke doel God is. Ik dacht: waarom zou dit niet via het
z.g. godsgen, de antenne, waargenomen kunnen worden?
Het viel mij ook op dat de wetenschapper iets tanigs en uitge-
droogds had: gebrek aan spiritualiteit? De rabbi wat zachter en
vloeiender: spirituele inspiratie? Mijn conclusie is, dat de mens al-

les in zich heeft, alle beelden, het hele universum, dus ook het concept van God, Jezus Christus, de Heiligen, de goden en godinnen en noem maar op. De materiële godsgen? Die hoort daar zeker bij. De mens kan zich, en dat ondervind ik nu zelf, afstemmen op al die gebieden in zichzelf (als hij dat zo wil zien) en heeft dan contact met dat beeld, van God of heilige, of die god en godin. Hij is het n.l. allemaal zelf! Dit klinkt vermetel, maar het is volgens mij gewoon de waarheid, het is ons innerlijk universum, de weerspiegeling van het uiterlijk universum.

In ons stadium van materiële en geestelijke evolutie zijn wij, bij ons concept van geestelijke zaken, nog te beperkt om toegang tot dit *weten*, tot dit *zijn* te hebben, maar in de verre toekomst is dit voor ieder mens een feit: wij zijn Adam Kadmon!

Bij de Theosofie had ik al kennis gemaakt met de 'Witte Loge', met de Rishi's en de Mahatma's, de Grote Zielen, die de mensheid leiden op het opwaartse pad Pad naar God. De leringen van Gurdjieff, die contact met de Theosofie had, waren in de school van de Russen een wegwijzer naar een harmonieuze zelfontwikkeling en zijn confrontatietechnieken, als psychologisch middel, werden regelmatig in de school toegepast. Dat laatste was niet 'my cup of tea', je moest daar een sterke zonnevlecht voor hebben...

Na mijn eerste kennismaking met Gurdjieff bij ingenieur Ekkers enige jaren geleden, vatte ik nu ware vriendschap op voor Gurdjieff, toen ik, na zijn pianomuziek in Engeland gevonden te hebben, zijn muziek vervolgens met een huisconcert in de school introduceerde. Ik vond het heel bijzondere, spirituele muziek. De Hartmann had deze muziek opgeschreven, terwijl Gurdjieff de melodie aangaf. Het betrof de Asian Songs and Rhythms en Music of the Sayyids and the Dervishes. Ook speelde ik zijn muziek bij de Vrijmetselaars en gaf daarbij een toelichting, men heeft het heel interessant gevonden. Vsevolod liet blijken, dat hij verheugd was over deze ontwikkelingen. Ook hadden we een goede leraar, Hein, die de Movements in de school onderwees, een soort bewegingsleer die door Gurdjieff gecreëerd was en hele speciale, innerlijke effecten geeft.

De school van de Russen in Holland was die eerste jaren tamelijk hard en dynamisch.Tegenwoordig lijkt de sfeer anders geworden, ordelijker en meer gericht op harmonie en groepsbewustzijn, voorzover ik kan zien. Er is een rijk sociaal gebeuren ontstaan, met het onvermijdelijke risico van vruchteloos 'consumeren'. Het programma en de activiteiten worden plaatselijk georganiseerd en doen me denken aan de New Age. Men bezoekt, soms een paar keer per jaar, de seminars in Rusland en ontmoet daar Vsevolod en Kliment, die tegenwoordig één keer per jaar naar Holland komen.
Toen, in het begin, leek het 'doel de middelen te heiligen'. Vanuit het standpunt van de meester, kon ik de ernst van dit proces wel begrijpen, maar ik vond het risico van grote schade te groot. Soms leek het me of een zeker sadisme meespeelde. Er was iets grilligs in de onderlinge verhoudingen, met ontrouw was niets mis, evenmin als met vrije seks, roddelen gaf niet want daar hield bijna iedereen zich mee bezig. Men probeerde weerbaar te worden en tegen aanvallen en tegenslagen bestand te zijn. We leerden over onze innerlijke 'stoorzender' en onze 'oeroboros', psychologische mechanismen die ons contact met het spirituele verhinderen. Dat waren nuttige aanwijzingen bij het leerproces. De meester regelde op alchemistische wijze de psychische 'temperatuur' in de school, die regelmatig opliep, waarna een kweekvijver voor het uitwerken van conflicten en problemen ontstond. Er werd heel wat pijn geleden door onze 'pijnpunten', 'traumaknoppen' en 'chips'; we moesten die leren onderkennen en onschadelijk maken door dwars door de ellende van de innerlijke confrontatie heen te worstelen, waarna we licht zouden zien. Dit proces was werkelijk het toppunt van pijn. Ik heb helaas nooit meegemaakt, dat iemand tijdens de pijn een liefdevolle arm om hem of haar heengeslagen voelde. Dat had m.i. het meeste effect kunnen hebben bij het bevorderen van de catharsis...

Deze wijze van esoterisch onderricht stond lijnrecht tegenover de Soefi leringen, waar ik jarenlang mee bezig was geweest, en waar het ging om 'liefde, harmonie en schoonheid', om 'the fragrance of the soul', de transparantie van de ziel. Het nadeel van het streven naar een dergelijke verfijndheid heb ik elders beschreven, en kwam vaak neer op het negeren van de eigen psychische schaduw, de eigen negativiteit, met als gevolg de bekende uitweg van de projectie van de schaduw op anderen en het wassen van de eigen handen in onschuld. Een 'kop in het zand' dus.

Ik dacht wel eens, dat, in de Katholieke Kerk, biechten een heel mooie weg is, om je eigen schaduw te leren kennen en vervolgens de vergeving te ervaren. Want we moeten onze schaduw leren kennen en hanteren!

Ook de romantiek kreeg een beurt. Vsevolod onderwees een tijdlang het ridderschap, en vertelde over het hoofse, middeleeuwse hof. We moesten een middeleeuws hof creëren en daarin functioneren. Hij wees erop, dat de hogere werelden niet toegankelijk zijn voor 'boerenpummels', dat de ontwikkeling naar verfijning van de persoonlijkheid daarom belangrijk is. We schaften zelfs allemaal een zwaard aan en waren dol op films, waarin steekspelen voorkwamen. De hoofsheid en de verfijndheid kregen in de school uiteindelijk niet zo veel aandacht meer, misschien omdat er meer mannen dan vrouwen in de school waren, terwijl bij de Soefi's meer vrouwen waren. De gerichtheid op cultuur was bij de Soefi's meer aanwezig, daar waren kunstenaars en diplomaten, en niet te vergeten: Inayat Khan zelf, die een groot kunstenaar was! Onze drie Russen hadden meer iets van stevige Russische boeren, doelbewust, enigszins grof in hun optreden, gekleurd door hun Sovjet achtergrond en hun ruige ervaringen met de spiritualiteit in Sovjet Rusland.

In zijn boeken vertelt Kliment over de 'Russische mystieke kringen', waar de mystiek heel speciaal was. In Rusland kon de mystiek allerlei vormen aannemen: lieflijk, inspirerend, religieus, ruig, wreed, wodka, griezelige drankpartijen op kerkhoven etc. Er leek affiniteit te zijn met de spiritualiteit van het vroegere, pantheïstische Rusland van vóór het Christendom, dat pas in het jaar 1000 in Rusland werd ingevoerd. Een prachtig verhaal is, dat van Prins Wladimir, die rond het jaar 1000 naar Byzantium reisde, om daar te zoeken naar een geschikte godsdienst voor Rusland. Hij besloot tot het Christendom, omdat dit, zoals hij dat omschreef, 'de godsdienst van de schoonheid' is. Prompt werden duizenden mensen in de rivier Dnjepr gedoopt (of onthoofd als ze het niet wilden, werd mij verteld) en heeft het Christendom vaste voet in Rusland gekregen. De Russische mens, met zijn grote hart, heeft het Christendom omarmd en de Russische Orthodoxie heeft er een prachtige mystiek omheen geschapen.

Rusland heeft geen Renaissance gekend en er is, zoals in Europa, geen tijdperk van verlichting geweest. Dit vond ik merkbaar bij een zeker bijgeloof, of een bijna kwezelachtige wijze van ervaren van hun godsdienst, waarbij nauwelijks gerelativeerd wordt. Ik vond, dat men geneigd is tot grote emotionaliteit, tot het extreme, men neemt zichzelf zeer serieus. Ik had de indruk, dat het 'eigen denken', het kritische denken, het gebruiken van de ratio, bij hun spiritualiteit niet zo aan de orde was. Want dat is een zonde! Het deed me denken aan bepaalde Christelijke protestantse groeperingen in Holland, die streng in de leer zijn en die men wel eens 'de zwarte kousen kerk' noemt.

Bij alle 'teaching situations' heerste er in de groepen van de school een warm groepsbewustzijn, waar veel wodka werd gebruikt, en waar je heerlijk kon wegzakken in vergetelheid en fantasieën. Dagelijkse problemen losten dan op, communicatieproblemen bestonden niet meer, liefde en genegenheid kregen meer kans, kortom, het leven was je reinste inspiratie... Dit kennen we ook uit de Russische literatuur. De onvermijdelijke kater was nu gelegitimeerd, want de meester was in de 'situatie' aanwezig geweest en we hadden in ieder geval veel geleerd... Ik hield daar niet van en ben niet vaak, alleen in het begin, bij deze partijtjes aanwezig geweest.

Ik vind, dat zich in de laatste paar jaar een positief groepsbewustzijn in de school heeft ontwikkeld. Ik herinner me, dat de leraren van de school hier om diverse spirituele redenen en astrale doelen, groot belang aan hechten. Voorzover ik het begrijp, gaat het hier niet direct om sociale doelen, maar om situaties in een verre toekomst en in een andere wereld...

Met al deze trauma's ben ik van zeer nabij geconfronteerd geweest, bij mijn Russische vrienden en niet in het minst bij mijn Georgische (half Russische) man. Als naïeve, argeloze westerse vrouw uit een goed milieu, heb ik daarbij een paar flinke trauma's opgelopen en het heeft me jaren gekost om mijn boosheid en: verontwaardiging te verteren. Je zou kunnen zeggen, dat ik, rechtstreeks in nigredo: het eerste stadium van de alchemistische process, was terechtgekomen. Ik behoorde tot de stichters van de school in Nederland en mocht van nabij de erfenis van de Moskouse, mystieke ondergrondse aan den lijve ondervinden. Ik stond aan het begin van hun westerse avontuur en heb dan ook dingen meegemaakt, die nauwelijks bekend zijn in de huidige school. Het heeft me jaren gekost om hen te vergeven, maar vergeten gaat nog steeds moeizaam. Met Georgy heb ik altijd wel kunnen leven, wat kon ik anders? Maar dat is inmiddels allemaal op zijn pootjes terechtgekomen en we vierden onlangs, zeer tevreden, ons zestienjarig huwelijksjubileum.

De grootste illusie waarvan ik me, na mijn ervaringen in de esoterische scholen, heb kunnen bevrijden is, dat je iemand buiten jezelf nodig hebt om je geestelijke thuis, God, te bereiken. Integendeel, binnen in onszelf bevindt zich het hele universum, en dat is God, de Schepper van alles. Dat proces van innerlijk leren kennen gaat nog steeds door en soms zie ik zozeer door de dingen heen, dat ik me afvraag of ik niet gewoon kluizenaar moet worden, ergens in een afgelegen hutje. Maar wel samen met Georgy. Na reiniging zal ik me dan alleen nog bezighouden met transparantie, met het contact met de heiligen en nuttige dingen voor de naasten doen, zoals boeken vertalen en schrijven ...

Het mensdom als 'horizontaal' referentiekader is het grootste struikelblok en tegelijk het beste oefenmateriaal voor onze geestelijke groei. Dat werd in Vsevolod's school wel duidelijk. We leren van jongs af aan om de mening van de buitenwereld belangrijk te vinden en ons aan te passen. Zo ontstaat de kuddegeest, die door b.v. de vrijmetselaars volstrekt wordt afgewezen. Dat is het begin van de weg die van God wegvoert, je bent steeds minder jezelf, je verliest steeds meer het contact met je echte zelf, je gaat steeds meer door een beslagen bril zien, kortom, je wordt 'horizontaal' in plaats van 'verticaal' gericht, en de ellende van het horizontale leven zal je deel zijn en er is geen uitweg. Volgens mij is het een zonde, als je je innerlijk *zijn* laat bepalen door de, meestal, onwetende buitenwereld, wie of wat dat ook moge zijn. Je wordt een verminking van het oorspronkelijke beeld van wie je bent en ik meen, dat Christus kwam om ons te helpen dat te herstellen. Zij, die het geestelijke pad willen volgen, zullen dit moeten doorzien en daarnaar handelen, en dat komt neer op een groeiend gevoel van eenzaamheid. Helaas en gelukkig.

Dit is, dacht ik, ook de weg die de school zoekt, men traint zich op een verscherpte waarneming door psychische reiniging van het heden, en vooral van het verleden: *reconsideration*. Dit is een ademhalings- en meditatieve techniek die Kliment had ontwikkeld, op basis van technieken van de Tolteken, Taoïsten, Kriya en de geest van de Christelijke traditie van de hesychasten. Een andere belangrijke oefening, die later kwam, was het gebed van vergeving, dat wij regelmatig moesten zeggen voor iedereen die in ons leven een rol speelde of had gespeeld en vooral diegenen met wie we in conflict waren. Ik vond het nuttige oefeningen, het hielp.

Kliment was van mening, dat de studenten onderschatten hoe belangrijk deze oefeningen waren en dat ademhalings- en reinigingstrainingen de basis vormen voor geestelijke groei: daar moest men zijn energie in steken. De oefening van *reconsideration*, die hij had opgezet, was een relatief eenvoudige ademhalingstechniek, waarmee de student op systematische wijze zijn verleden kon 'doorlichten' en vervolgens afstand ervan nemen. Velen die dit praktiseerden vonden, dat zij er baat bij hadden, want als je de druk van het verleden hebt afgegooid, krijg je eindelijk ruimte voor de wijde toekomst...

In mei 1994 hadden Georgy en ik een seminar in de Ardennen georganiseerd en dat werd een groot succes. Toen we terug waren, was ik zo moe en kapot, dat ik op een ochtend, voordat ik naar mijn werk ging, tegen Georgy zei, dat ik niet in staat was om het volgende seminar te organiseren. Naast mijn problematische fulltime baan, had ik me volledig ingezet voor het 'Centrum van Speijk' en het organiseren van dat seminar, maar nu was ik totaal uitgeput van alle drukte van de laatste maanden en mijn baan.

Georgy reageerde echter uiterst merkwaardig. Ik had verwacht, dat hij me meelevend zou steunen en sussend zou toespreken. Maar niets daarvan. Hij keek me geschrokken aan, mompelde iets wat niet zo vriendelijk klonk en verdween, zoals later bleek naar de van Speijkstraat, waar zijn vrienden verbleven.

Wat er toen volgde is voor een normaal denkend mens niet te begrijpen. Jaren later is de reden me duidelijk geworden: angst voor mij, omdat ze dachten dat ik macht over ze wilde hebben via het door Georgy en mij opgezette centrum van Speijk. Het is gewoon te gek voor woorden, en nog gekker is hun wrede agressie naar mij toe, die alleen op allerlei manieren voor ze heeft klaargestaan. Idioot die ik ben. Dit was nog een overblijfsel van mijn Soefi-tijd, want die wilden ook dolgraag dat ik, ijverige stommerd, van alles voor ze deed...

Er kwam een ledenvergadering en daar verkondigde Georgy in het openbaar, staande voor de vergadering en gesteund door zijn twee vrienden, dat 'Maria alleen maar macht wilde'. Ik barstte van verontwaardiging, boosheid en onmacht en probeerde me te verdedigen, maar daar was bij de groep nauwelijks belangstelling voor. De bezoekers van het Centrum hadden vermoedelijk geen idee van al het werk wat Georgy en ik samen achter de schermen hadden gedaan, en dachten dat als mijn man zoiets zei, dat het dan wel waar zou zijn. Ik besloot terug te slaan en zei direct het huurcontract van het centrum van Speijkstraat op, dat op mijn naam stond, omdat ik het gefinancierd had. Later hoorde ik dat er een vergadering had plaatsgevonden bij Weltman, een oudere student, waar Vsevolod had betoogd, dat Maria de school in Holland wilde 'beschadigen' en dat zij zich moesten verdedigen. Jeetje, ze moeten wel erg bang voor me zijn geweest...

Hoewel mijn 'vrienden' in het Centrum, de studenten, vlak onder hun neus zagen wat er gebeurde, kwamen ze me op geen enkele manier te hulp, terwijl ze wisten dat ik niet van die snode plannen had. Het verraad en de domheid van de mensen in het centrum, die me goed kenden en die het erg naar hun zin hadden gehad, was voor mij nog wel het meest ongelooflijke. Ik werd aan alle kanten verraden.

Hoe ik dat jaar heb overleefd is me nog steeds een raadsel en het is een wonder. Ik sliep alleen nog maar door pillen en alcohol, ik functioneerde steeds slechter op mijn werk en mijn denken was vaak in wolken gehuld, maar ik bleef functioneren ...

Ik werd vervolgd met haat en beschuldigingen door de SK, de Russen, en op mijn werk probeerden ze me nu ook een kopje kleiner te maken, want die roken bloed. Bij de komende fusie van drie instellingen waren drie administrateurs betrokken, waaronder ik, en er waren maar twee nodig in de nieuwe organisatie. Ik ambieerde die functie niet, want ik wilde met de vut gaan. Maar de twee anderen, heren dus, wisten toen wel raad met hun intriges en achterklap om mij te beschadigen en zo hun plekken in de organisatie zeker te stellen. Ik geloof niet, dat ik toen nog in staat was in mijn beste vorm te komen.

Nadat het 'Centrum Van Speijk' was opgeheven, hadden Else (ook van de SK) en mijn oude vriendin Maud (van mijn werk) en anderen, een ruimte gevonden in de Boreelstraat, niet ver van mijn huis, nota bene! Maud, een dertiger en maatschappelijk werkster bij mijn oude werkgever, liet mij weten dat zij wel zag wat de Russen mij aandeden, maar dat zij me niet openlijk kon steunen, omdat ze niet meer zonder hen kon leven. Vsevolod, Kliment en Georgy hadden kennelijk ook op haar zo'n grote invloed gekregen, dat zij het gevoel had dat ze niet meer vrij was. Ik heb vaak tegen mensen gezegd, dat een ware meester een verbinding met zijn leerling heeft, die je kunt vergelijken met een achtvormige lus, waarvan de kruising van de lijnen *tussen* de twee personen plaatsvindt. Dit geeft aan dat er geen persoonlijke afhankelijkheid is. Een meester van het pad van de linkerhand echter is met zijn leerling verbonden door een 0-vormige lus, dus *geen* kruising van de lijnen. De leerling zit, als het ware, gevangen en er zal een moment moeten komen waarop hij de kracht moet opbrengen om zich weer los te maken van die afhankelijkheid, als hij zich daar tenminste ooit van bewust wordt...

Ik wilde niet meer met Georgy getrouwd zijn en was al bij een goede advocaat geweest, en had mijn eis tot echtscheiding voorbereid, resp. ingediend en die werd toegewezen. Ik moest binnen zes maanden mijn handtekening zetten, dat was een respijt waar de Russen wel raad mee wisten, want als Georgy het land moest verlaten, was dat ook slecht voor hun toekomstige plannen.
Ik was door alle gebeurtenissen, de achtervolgingen en beschuldigingen, inmiddels zo opgejaagd, dat ik een reddingsboei zocht. Ik overdrijf niet, want ik vocht op drie fronten: op mijn werk werd ik weggepest na de fusie, bij de Soefi's was ik de gebeten hond, omdat ik in hun ogen verraad had gepleegd door de Russen te helpen, en de Russen sloegen werkelijk alles met hun schandalige intriges. Hierin volgde Georgy braaf zijn twee meesters.
Naar mijn gevoel kreeg ik in die tijd bij de Russen te maken met zo'n ontzettende, schokkende slechtheid, dat het bijna onvoorstel-

baar voor me was. Tijdens een diepe, innerlijke crisis viel ik in een onpeilbare, bodemloze diepte. Maar blijkbaar was ik niet echt verloren en werd ik door hogere machten geholpen. Tijdens de diepste val die ik innerlijk voelde, leek het of ik, voordat ik de bodem bereikt had (en ik weet niet wat dat betekend zou hebben) opgevangen en in mijn val gestuit werd. Het leek of de diepte voor me werd afgesloten en ik niet verder kon vallen. Er was een bodem gekomen.

In die tijd had ik een griezelige droom: ik liep in een weiland, in de richting van een caravan die zich aan het eind ervan bevond en daar moest ik mijn eerste echtgenoot Andries en de Russen bezoeken. Ik ging het trappetje op om in de caravan te komen en vond daar een slijmerige, moerassige toestand vol ongedierte, zoals schorpioenen, spinnen, slangen enz. Ik bleek een beschermend, doorzichtig vlies om me heen te hebben, ongeveer 20 cm van mijn lichaam. Ik was niet bang en voelde me veilig en liep daar rustig rond om hen te zoeken.

Iemand vroeg me wat ik daar deed en als antwoord haalde ik mijn schouders op. Op een gegeven moment was er een grote zwarte slang, zo dik als een boa constrictor, die aan de buitenkant van mijn vlies tegen me op kroop. Ik dacht, jasses, hoe krijg ik die weg en toen gaf ik van binnenuit een harde stomp tegen de kop van de slang en die viel toen achterover. Zijn mond viel een beetje open en die leek op Georgy's mond...

Vlak daarna droomde ik, dat ik ergens in een huis was. Ik stond en op de grond lag een menselijk wezen van licht op zijn buik en met zijn handen op zijn rug gebonden, zijn voeten waren ook gebonden. Hij kon zich niet bewegen. Ik keek naar beneden, naar dit lichtwezen en dacht eerst 'laat maar, laat maar liggen', maar toen opeens kreeg ik een soort schokje en dacht 'nee, helemaal niet, hij moet juist opstaan!' en dat zei ik ook tegen het lichtwezen. Dat lichtwezen bleek ik zelf te zijn. Ik hielp hem met opstaan.

De zwarte nacht waar ik doorheen ging was de ervaring, dat mensen met spirituele oogmerken keihard, meedogenloos manipuleerden, voor wie het doel de middelen heiligde en daarbij een afwezigheid van ieder mededogen voor de pijn die ze anderen aandeden. Ze gingen over lijken, want Vsevolod streefde kennelijk een voor hem belangrijk doel na en de argeloze Soefi's, evenals ik, waren hier totaal niet tegen opgewassen.

Ik besefte, dat ik bij mijn inspanningen en goede wil niets anders heb willen bereiken, dan mijn echtgenoot te helpen om in Nederland voet aan de grond te krijgen en zijn leven hier op te bouwen. Hij moest toch werk, inkomsten en een doel hebben, en daartoe heb ik me met geld en energie voor het Centrum van Speijk ingezet. In mei 1994, na het door Georgy en mij georganiseerde seminar in de Ardennen, dat een groot succes was, was ik erg moe. De laatste dag van het seminar bedankten studenten me (onverwacht en bij de laatste bijeenkomst) zelfs openlijk voor mijn bijdrage bij de organisatie van dit seminar, want zonder mijn inzet had het, volgens hen, nooit plaats kunnen vinden. Dit schijnt het breekpunt geweest te zijn voor de Russen en vond Vsevolod, in het kader van zijn plannen, kennelijk dat ik nu echt te 'machtig' was geworden en dat zag hij niet zitten. En de 'fox behind the bushes' wist wat hij nu moest doen. Ten eerste het huwelijk van Georgy en mij opblazen, want vermoedelijk was dit hem al een doorn in het oog; en ten tweede: mij in diskrediet brengen en onderwerpen... Eigenlijk om je rot te lachen, ik was een wrak, allesbehalve een alleenheerster, hoewel ik Catharina de Grote altijd erg heb bewonderd ..!

Mijn avontuur met de drie Russen is dus in mijn leven zeer ingrijpend geweest. Het is duidelijk, dat ik een karmische band met hen had, want ik had direct een soort 'herkenning' bij Vsevolod, die ik in 1991 ontmoette, toen hij samen met Kliment in Holland was. En dat was helemaal het geval met Georgy. Kliment deed me niet veel, ik vond hem een beetje griezelig, hij had iets broeierigs en dweperigs, iets oversekst. Vsevolod nam ik meer serieus, hoewel ik hem nooit

als iemand beschouwd heb om mee te zwieren, in tegenstelling tot
Georgy, want die 'kende' ik. Vsevolod was de leraar van het stel en
dat vond ik best. Maar niet mijn leraar, ik beschouwde hem als een
vriend, ik vertrouwde hem als leraar niet. Ik had oorspronkelijk de
indruk dat hij Theosoof was, en daar wist ik wel het een en ander
van. Hij heeft het sterrenbeeld Kreeft, en ik vind hem ook concreet
iets daarvan hebben. Mijn indruk is, dat hij grote spirituele kwaliteiten heeft, en daardoor heel gevaarlijk kan zijn, als hij daarvoor
'in the mood' is. Hij weet met energieën te spelen en situaties te
creëren, waarbij niets of niemand hem interesseert, behalve zijn
doel. In de loop der jaren heeft hij zich aan Holland aangepast en
loopt nu, voorzover ik zie, rond als een soort sfinx, met zijn favoriete jongelui om zich heen en in het algemeen lijkt hij wat minder
toegankelijk te zijn geworden.

Vsevolod werd in de jaren veertig van de vorige eeuw in de Sovjet
Unie, in Moskou, geboren. Hij was briljant, studeerde filosofie en
psychologie en was leerling van enkele geheime geestelijke scholen
in Moskou.
In de Sovjet Unie waren spiritualiteit en religie verboden en zelfs
strafbaar. Daarom ontstond er een 'ondergrondse' van kunstenaars,
filosofen en mystici, waar zich van alles afspeelde en waar Vsevolod werd beschouwd als een van de spirituele grondleggers. Veel,
tegenwoordig bekende, Russische kunstenaars hadden daar hun
bakermat. Aan de andere kant er speelde zich daar van alles af
wat het daglicht niet kon verdragen. Er heerste een feitelijke anar-
chie, omdat de situatie clandestien was en uiterst geheim, zodat er
geen enkele structuur bestond. De onderlinge verhoudingen waren
geïmproviseerd hiërarchisch, en de macht was bij degenen die het
wreedst en meest meedogenloos optraden.
Zoals dat in Rusland veel voorkomt, omringde Vsevolod zich al op
twintigjarige leeftijd met geïnteresseerden, die zich zijn leerlingen
noemden en een tijdlang met hem doorbrachten. Bij zo'n groep verdwijnen na verloop van tijd sommige leerlingen en anderen blij-

ven. De groepen waren niet zo groot, zo'n twintig man of minder.
De onderlinge interactie in zo'n groep was dynamisch en gericht
op geestelijke groei. Dynamisch, omdat dit proces zich op typisch
Russische wijze ontwikkelde, met behulp van wodka, door harde
confrontaties, mooie vrouwen (wel of geen leerlingen), gezamen-
lijke reizen, ontmoetingen met de volgelingen van andere geestelijke stromingen en groeperingen, zoals arcanologie, Vierde Weg,
soefi's, antroposofie, leer van Castaneda, sjamanisme e.d.

Kliment werd in de jaren vijftig in de Kaukasus geboren, hij was Kozak. Op dertigjarige leeftijd ontmoette hij Vsevolod en herkende in
hem zijn leraar. Hij werd na enige tijd Vsevolod's belangrijkste leerling. Hij hield zich al zeer jong bezig met meditatie en zocht contact
met geestelijke leraren. Vooral de Indiase goeroe Yoekteshwar was
belangrijk voor hem. Van beroep was hij computerprogrammeur.

Georgy, de jongste van de drie, was een geval apart. Na de middelbare school studeerde hij theoretische natuurkunde. Hoewel
hij daarin afstudeerde, heeft hij zelf nooit begrepen waarom hij
die studierichting had gekozen. Hij is uiterst intelligent, intuïtief
en artistiek begaafd. De heren zijn alle drie uiterst belezen v.w.b.
de Russische en Europese literatuur. Georgy gedroeg zich als een
opportunist. Hij vond in Kliment zijn spirituele leraar en een jaar
later werden zij beiden leerlingen van Vsevolod. Hij nam deel aan
het zware leven van hun rondreizen in de Sovjet Unie met een jazzband, waarvoor zij het technische werk verrichtten. Het geestelijke
leven was in de Sovjet Unie taboe en ook tijdens die reizen mocht er
nooit iets van blijken, anders kon je wel eens in een psychiatrische
inrichting terecht komen.

Deze gebeurtenissen zouden later beschreven worden in de boeken
van Kliment over de Russische mystieke kringen. In deze boeken
komt Vsevolod's missie als spirituele leraar en boodschapper aan
de orde en hoe Kliment en Georgy hem, als zijn leerlingen, verge-

zelden en vele, zeer moeilijke, ervaringen en omstandigheden met hem deelden. Het is het ruige verhaal van een onmetelijk groot land, Rusland, de toenmalige Sovjet Unie, het traumatische leven van haar bewoners onder het Sovjet regime, vooral de angst voor de autoriteiten, KGB en elkaar, de angst voor verraad. Dit volk zal nog vele jaren nodig hebben om los te komen van de opgelopen trauma's.

Kliment geeft in zijn boeken een verslag van de belevenissen in de laatste twintig jaar van de vorige eeuw van een esoterische school en haar relatie tot het Christendom.

In deze verslagen is de lijn van innerlijke inwijdingen te volgen, die stap voor stap en via transformatie moet leiden naar de hoogste inwijding, de eenwording met het Goddelijke. Specifieke termen worden gebruikt, zoals 'het streven naar het bereiken van de Hemel' en termen uit de Alchemie, zoals innerlijk goud, nigredo, albedo e.d. Op de weg naar bewustwording, oftewel 'het Pad naar de Hemel', die deze school in Rusland volgde, vonden innerlijke, geestelijke en psychische processen plaats in de omstandigheden van het dagelijks leven ten tijde van de Sovjet Unie en met het innemen van heel veel wodka, gekookte kippen, uien en worst.

Die Russische ondergrondse, mystieke kringen zijn voor het Westen onbekend. Daar bevonden zich kunstenaars, zoekende burgers, mystici, filosofen die geen deel wilden uitmaken van de heersende cultuur (socialistisch realisme) en de materialistische ideologie. Een alchemistische meester wordt neergezet als de inspirator van de kerngroep, die er zich op toelegde om mystieke inspiratie in de vorm van literatuur en beeldende kunsten door te geven. Deze ondergrondse kan als het 'vagevuur' van het toenmalige spirituele leven beschouwd worden. In deze kringen borrelden de psyche, de geest, de materie en werden alle fasen van decadentie doorlopen, maar ook die van vernieuwing in kunst en cultuur. Hier ontmoetten de uitersten elkaar. De meester alchemist beschouwde deze ondergrondse als een uitstekende, harde leerschool voor zijn leerlingen. Als een gouden draad door de boeken van Kliment lopen de leringen van de meester- alchemist en het prachtige concept van het contact met 'de Straal van Paracletus', de inspiratieve bron van hun mystiek en de groei van hun school. Het concept van 'etherische inwijding', de ontmoeting met ons Hoogste Zelf, was nieuw voor mij. Wat ik belangrijk vond in de boeken was de verbondenheid van de school met het Christendom. De mystieke, en de daarmee samenhangende devotionele gerichtheid van de leerling tijdens het leerproces, kan zijn val in de wereld van Mefistofeles voorkomen. Bij zijn reis naar de Hemelen, het steile Pad omhoog, stuit de leerling op vele zijpaden, die uiterst aanlokkelijk lijken, vooral die van het intellectuele kennisaspect of de psychismen.

Vsevolod beschouwde zichzelf als een boodschapper van het tijdperk van de Paracletus, van de geestelijke vrijheid. Ik denk dat de eigenlijke spirituele ontwikkeling van de drie Russen in feite in Holland is begonnen, bij Vsevolod betreft dit misschien de vorm waarin hij zijn boodschap goot, maar voor Kliment en Georgy is dit zeker zo! Ik vond ze de eerste tijd nogal 'ruw' materiaal, dat bewerkt moest worden en waaruit van alles kon voortkomen. Hun gevoel van self importance was echter vele malen groter dan velen als terecht beschouwden. Hun idealen waren ook groot: het westen moest immers gekerstend worden!
Ze hadden geen flauw idee van wat zich sedert de jaren zestig van de vorige eeuw in het westen op spiritueel gebied had afgespeeld en de ontwikkelingen die daar hebben plaatsgevonden. Ik hoef maar op de Findhorn Community te wijzen of op de talloze esoterische scholen, zoals de Theosofie, het Soefisme, de Antroposofie en anderen. Ze hadden van de sovjets met de paplepel ingegoten gekregen hoe slecht en dom het westen wel is en daarom kwamen zij om ons te kerstenen en, interessanter nog, mee te nemen naar verre, misschien wel astrale, doelen.

Georgy vertelde me, dat Vsevolod hen tijdens hun reizen door Rusland een zware training gaf. Vsevolod had een eigen visie op wat Soefi's 'teaching stories' noemen, verhalen die transcendentale wijsheden bevatten. Hij vertelde Kliment en Georgy deze verhalen, met zijn uitgebreide commentaar, tijdens hun reizen en zij gebruikten de informatie als studiemateriaal. Een van de sleutelverhalen voor iemand die het geestelijke pad wilde volgen, was volgens Vsevolod het verhaal over Maroef de schoenmaker uit 'Duizend en een Nacht'.

Hij had een visioen, dat zij met z'n drieën, na de communistische tijd , zijn spirituele boodschap naar het westen zouden brengen, dus zij moesten een scholing ondergaan. En de belangrijkste eigenschap, die ze moesten ontwikkelen, was een innerlijk, positief contact tussen hen drieën, ongeacht afstand en tijd, leven en dood. Vsevolod noemde het 'alchemistische fusie'. Na veel jaren van uiterst pijnlijke ervaringen hebben ze dit contact ontwikkeld. Maar in het begin, gedurende enkele jaren, konden Georgy en Kliment dat allemaal niet geloven en volgens Georgy's verhalen, moesten ze hier altijd om lachen: want dat was toen toch onvoorstelbaar! De omstandigheden waren totaal tegengesteld aan deze mooie verhalen: vaak deelde Vsevolod zijn prachtige visjoenen met hen, terwijl ze twee ton aan apparatuur van de jazzband versjouwden, ergens in een door God vergeten stadje in de onmetelijke Sovjet Unie. Vsevolod illustreerde dit met het beeld van de Tanmonnik, Suhn-U-Kuhn en Tchju-ba-Tze uit de beroemde roman 'Aap, de Reis naar het Westen' door Wu Ch'eng. Hij stoomde ze, van 1983 tot ongeveer 1994 en tijdens hun rondreizen, als het ware klaar. Ze leerden hun karakter door confrontaties en moeilijke ervaringen sterker te maken, ze leerden hoe ze met mensen moesten omgaan, en vooral: hoe ze zich ergens toegang konden verschaffen, want dat was van belang voor de contacten en het verbreiden van de leer. Hun oefenterrein betrof natuurlijk vrouwen, kunstenaarskringen, en vooral de Moskouse en Peterburgse mystieke kringen. Daar ging het niet bepaald fijnzinnig toe, en gold het recht van de sterkste, op ieder gebied wel te verstaan. Ze leerden hoe ze zich konden 'indringen' bij een gezelschap of bij individuen, hoe ze druk op mensen konden uitoefenen, ze brachten bij hun eerste bezoeken etenswaren mee en kookten voor hun gastheren en - vrouwen, dit alles om in de

gunst te komen en misschien volgelingen te krijgen. Een deel van de opleiding: zoals koken, schoonmaken en het uitvoeren van de kleine huishoudelijke taken, noemde Vsevolod de 'School van Vanka Zhoekov', naar het verhaal van Tsjechov. Dit gaat over een arme wees uit een dorp, Vanka Zhoekov genaamd, die als leerling bij een schoenmaker werd geplaatst. Volgens Georgy merkte iedereen, die een leerling van Vsevolod wilde worden, vroeger of later wel dat hij in het gezelschap van Vsevolod in hoofdzaak de rol van Vanka Zhoekov speelde, ongeacht de positie die hij in het 'gewone' leven innam. Sommigen, echter, hadden deze 'school' snel achter de rug, maar anderen bleven daar jaren hangen... Deze gehele leersituatie noemden Vsevolod, Kliment en Georgy 'schaken', daarmee bedoelden zij: in de communicatie zodanig 'schaak te kunnen spelen', dat ze altijd hun doel bereikten en kregen wat ze wilden. Dit oefenden ze natuurlijk vooral bij vrouwen en succes was gegarandeerd...
Georgy vind ik inderdaad een sterke 'schaker'. Als die iets in zijn hoofd heeft, dan vindt hij alle noodzakelijke wegen en methodes om dat te bereiken, geoorloofde zowel als ongeoorloofde... Ja, dat is misschien niet zo best, maar wel effectief gebleken bij het omgaan met die barbaarse, grove kringen in Rusland, tenminste zo zie ik dat. Ik merkte, dat Georgy ook bepaalde eigenschappen had, waarom ik hem benijdde, zoals het innerlijk los zijn van wat de mensen met je doen of laten, zeggen, of als ze je pijn willen doen. Hij kan dat gemakkelijk van zich afschudden. Maar ik vind, dat hij in die tijd ook beschadigingen heeft opgelopen, fysiek en mentaal. Fysiek, door de loodzware lasten die hij, en ook Kliment, moest dragen toen ze, samen met Vsevolod, bij de jazzband werkten, mentaal door de angsten voor politie en KGB. Naar eigen zeggen was Georgy in die tijd een grote rokkenjager en daar kijkt hij met weinig bewondering op terug.

In Holland, na 1994, waren er nieuwe ontwikkelingen en liet Vsevolod zijn twee leerlingen los. Hij concentreerde zich nu op nieuwe leerlingen en Kliment en Georgy moesten hun eigen wegen zien te

vinden om de boodschap van de school vorm te geven en te ontdekken welke rol ze daarbij moesten spelen. Hun oorspronkelijke
afspraak, dat ze met z'n drieën de boodschap van Vsevolod zouden
uitdragen, zullen ze echter altijd nakomen.

Na hun aankomst in Holland is Georgy zijn leven serieus gaan nemen. Hij moest wel, want het bleek dat hij hier zijn maatschappelijke ontwikkeling weer van onder af aan moest beginnen, om in staat
te zijn in Holland te overleven. Hij had in zijn jeugd wel een uni-
versitaire studie theoretische natuurkunde in Kishinev afgemaakt,
maar daar wilde hij hier niets mee doen. Hij moest vloeiend Nederlands leren spreken, maar ook Engels. Ik heb hem daarbij zoveel
mogelijk geholpen. Voor zijn ontwikkeling zijn enige jaren nodig
geweest, jaren die, ook voor mij, niet makkelijk zijn geweest. Maar
zijn grote intelligentie hielp hem om diverse opleidingen met succes te volgen, zoals boekhouden, management, informatica, com-
puterprogramma's, hij haalde ook 'even' het middenstandsdiploma,
en zocht een manier om geld te verdienen. In Rusland hadden ze
af en toe schilderklussen en werk aan huizen gedaan, dat pakte hij
hier weer op en wist dat uit te bouwen tot een redelijk lopend be-
drijf, dat vakbekwaam werk aflevert. Ook als uitgever verdient hij
zijn sporen.
Als ik aan die tijd, het begin van de negentiger jaren, terugdenk,
spijt het me dat ik niet krachtiger heb kunnen optreden, me niet
krachtiger tegen de Russen en de SK heb kunnen verweren. Misschien deed ik dat wel, maar ik ging er zelf aan onderdoor. Ik was
murw geworden door al die afschuwelijke gebeurtenissen en dacht
alleen nog maar 'ik wil rust'. Want ook mijn werk en mijn privé
leven lagen in die jaren overhoop en ik werd achtervolgd en beschuldigd. Het ergste dat me overkwam was, dat mijn integriteit in
twijfel werd getrokken. Ik werd zwaar in mijn eer aangetast. Een
astrologe legde me later uit, dat de planeten in mijn horoscoop deze
situaties duidelijk aangaven, als beeld gebruikte ze: een verkeers-

rotonde waar alle auto's van alle kanten tegelijk oprijden. Gevolg: chaos en schade...

Toen begon een nieuwe fase voor me.
Ik begon me af te vragen wat voor zin het had om lid te zijn van een esoterische groep of school, wat dit kon toevoegen aan mijn weg naar het doel dat ik me gesteld had: me bewust te worden van het ware leven, van de liefde, van mijn naasten, van mijn diepste wezen... Ik dacht aan het 'Ken Uzelve' boven de poort van de tempel in Delphi, aan de plaats van de priesteres, de pythia, waar ik tijdens een rondreis in Griekenland, begin tachtiger jaren, een tijdje had zitten mediteren. Er kwamen toen geen zwaveldampen uit de diepte, maar ik beleefde wel een vage identificatie met haar...

Ik realiseerde me dat ik wat te afhankelijk was geworden van de normen, de goedkeuring en de acceptatie van hiërarchieën en leden van bepaalde organisaties. Natuurlijk bestaat er, in een spiritueel gerichte organisatie, een relatie tussen lera(a)r(es) en leerling, waarbij de leerling zich (tijdelijk) openstelt en zich in vertrouwen overgeeft aan de kennis en de macht van de lera(a)r(es). In India is deze relatie tussen guru en chela zelfs heilig en heel gewoon. Het is een zeer serieuze relatie en het komt zelfs voor dat de chela, de leerling, zichzelf zodanig identificeert met zijn guru, dat hij zichzelf uiteindelijk volledig 'wegdenkt'. Op een gegeven moment lijkt het of hij denkt, spreekt en handelt als zijn guru.

Eens, toen ik de schoolbijeenkomsten weer bijwoonde, gebeurde er iets grappigs, dat de guru-chela relatie lijkt te illustreren:
Georgy en ik liepen van het meer naar de weg, waar het hotel stond. Een eind verderop zag ik Vsevolod staan, met iemand anders. Ik dacht, hij is gelukkig gearriveerd, want hij had problemen met zijn visum en was nog niet aangekomen. Toen we dichterbij kwamen zag ik dat het niet Vsevolod was, maar Kliment die daar stond te praten.

Ik groette het groepje en zei tegen Kliment: 'ik dacht dat je Vsevolod was' en toen zei Kliment dat het wel toevallig was, omdat hij zojuist een 'astraal bericht' van Vsevolod had gekregen. Hij stond dus in zekere zin nog in verbinding met Vsevolod en dat heb ik dus waargenomen. Misschien was het ook een manifestatie van hun 'alchemistische fusie', waarover Vsevolod het had?

De volgende nacht droomde ik dat ik in een bergachtig gebied was en opeens kwamen Vsevolod, Kliment en Georgy aanlopen. Ze lachten in het voorbijgaan naar me en het viel me op dat ze alle drie precies dezelfde ogen hadden: groot en amandelvormig, met een lichtbruine kleur en een mooie uitdrukking.

Terugkomend op de identificatie met de guru: dit trok mij niet aan, ik voelde me een westerse vrouw, hoewel India mij altijd een 'thuisgevoel' had gegeven. Ik heb daar prachtige levens gehad, dat is zeker. Ik zag een dergelijke symbiotische relatie van meester en leerling ook gebeuren bij bepaalde Russische leerlingen van Vsevolod. Ik kan me niet herinneren, dat ik dit fenomeen in Holland ben tegengekomen, behalve dan misschien bij leerlingen van een van de Soefi sheiks? In het verre oosten wordt zo'n relatie als de belangrijkste weg naar verlichting beschouwd. Maar als westerlinge besef ik, dat Europa een tijd van Renaissance en Verlichting heeft gekend en het gebruik van en het respect voor het eigen denken, het eigen oordeel, heeft hersteld, na de grote macht die de kerk over de mensen heeft gehad. Toen, aan het eind van de middeleeuwen, betekende dit het einde van de (vooral psychologische) macht van de kerk over de gelovigen. Dit werd gesteund door de ontwikkeling van de boekdrukkunst en de kennismaking met nieuwe geestelijke en culturele impulsen uit andere delen van de wereld, vooral uit de Islamitische wereld. Ik had een sterke vrijheidsdrang en kon het op den duur niet opbrengen om mijn eigen *zijn* te ontkennen.

Later bleek, dat de ontwikkeling van het besef van mijn eigen verantwoordelijkheid een belangrijke motor was bij het *banen* van de *weg naar binnen*, naar mijn eigen innerlijk, de weg naar God. Want, hoewel ik mij Soefi en mysticus acht, is het me duidelijk dat het pad naar God vergeleken kan worden met het mystieke verhaal van de ridders van de Graal, die veel strijd moesten voeren. Het *ridder-schap*, het innerlijke krijgerschap, van de zoeker naar God is onmisbaar. Ik herinner mij, dat Vsevolod in de eerste jaren van hun hermetische school in Holland, verwees naar het leven aan het middeleeuwse hof, naar de hoofse en moedige ridders, de ingetogen edele dames, kortom: naar het belang van innerlijk en uiterlijk adeldom. Misschien leek mijn houding voor de buitenwereld op koppigheid, maar ik kon en wilde niet anders. Ik weigerde in zekere zin om me aan de standaarden en voorschriften van het sociale leven, het 'horizontale' leven, aan te passen. Het conflict met de SK drukte me met mijn neus op het feit, dat ik het recht had om mijn eigen weg te zoeken en op mijn eigen manier te leven, zolang ik niemand benadeelde of wenste te benadelen. Deze opvatting werd woordelijk bevestigd door de vrijmetselarij. Ik begon te beseffen, dat ik in deze fase van mijn leven een leerproces moest ondergaan, zoiets van 'erop of eronder', dat ik mijn beperkingen moest beseffen, dat ik moest ontdekken dat er buiten het labyrint van mijn persoonlijk leven, een ander en groter leven bestond: het universum, en dat ik daar deel van uitmaak. Ik was nog niet zo ver, dat ik besefte dat dit louter het innerlijk leven betrof. Ik wist nog niet, dat het een pijnlijk proces zou zijn en dat de confrontaties met mezelf inderdaad 'erop of eronder' betekenden. Ik had nog niet veel van Gurdjieff, de Russische spirituele leraar, gehoord en wist niets van zijn harde aanpak van zijn leerlingen. Gurdjieff was een belangrijke leraar in de school van Vsevolod en werd vaak geciteerd. Zijn harde methode is erop gericht, dat het 'horizontaal' (in tegenstelling tot 'verticaal', spiritueel) denken gedesoriënteerd raakt en daardoor de toegang tot een hoger bewustzijn mogelijk maakt. De groei na deze confrontaties wordt beschouwd als een transformatie van het bewustzijn.

Ik was me ervan bewust, dat ik op een 'kleverige' wijze vastzat aan de invloeden van de buitenwereld, van de mening en goedkeuring van anderen, dat ik niet wist wie ik was, ondanks al mijn spirituele activiteiten.

Ik leefde kwetsbaar, angstig en onzeker. Niet zodanig, dat de buitenwereld dit merkte, dat voorkwam de leeuw op mijn ascendant wel, maar innerlijk was mijn bril beslagen. Bij de opvoeding van mijn generatie werd ons ingeprent, dat de buitenwereld altijd gelijk heeft, en dat wij zelf altijd ongelijk hebben, dit werd gezien als de sleutel tot het verwerven van de gunst van de andere 'onwetenden', en dit zou je leven gunstig beïnvloeden en dan zou je succes hebben. Het is niet te geloven, dat ik daar zo lang aan vastgezeten heb, maar dat schijnt bij mijn generatie te horen. Kort geleden las ik, tot mijn genoegen, in een prachtig boek over een Russische Heilige, dat wanneer iedereen je aardig vindt, je ervan uit kunt gaan dat je op de verkeerde weg bent, want dan laat je vast na om Gods wil te doen. Deze heilige beschouwde het als een gunstig teken als de buitenwereld je niet ziet zitten, want dan is de kans groot dat je een eerlijk en goed contact met God hebt. Langzamerhand heb ik ontdekt hoe wijs deze heilige was.

Ik groeide toe naar een besef van innerlijke vrijheid, waarbij je het denken met veel moeite hebt gezuiverd van de overweldigende invloeden van de buitenwereld.

Dit had ik bij de aura- en chakrahealing opleiding voor het eerst beseft, en geprobeerd er via de gegeven technieken aan te werken. Dus die psychische zuivering dient eerst plaats te vinden, voordat je toegang krijgt tot je innerlijke ruimte, tot je innerlijke helderheid en dan kan het avontuur, de exploratie van het leven boven en beneden, de zoektocht naar God pas beginnen. Dat wordt het avontuur van je eigen creativiteit, je eigen initiatieven op jouw voorwaarden en visie gestart en niet op die van andermans voorwaarden ...

Dit kan betekenen dat je je (innerlijk en ook uiterlijk) losmaakt van je omgeving, en je eigen weg gaat. Spirituele organisaties hebben een tijdelijk nut, maar dan moet het moment aanbreken, dat je zelf de verantwoordelijkheid voor je leven neemt. Een organisatie heeft mensen nodig om in stand te blijven en hun goede boodschap uit te dragen. Je bent welkom als een radertje in dat geheel en dat is wel okay, als je dat maar goed beseft en je niet laat misleiden door grootse beloften en verwachtingen, en vooral dat je *zoiets bijzonders* bent!!. In mijn geval was ik gemakkelijk te verleiden, omdat ik ook nog gevoelig was voor vleierij, het kenmerk van mijn gebrek aan zelfkennis, waarbij ik praktische kwaliteiten bezit en men dus graag gebruik van me maakte...

Soms gaat de vleierij zo ver, dat je gaat denken dat je een groot geestelijk geheim mag dienen, en dat *jij* tot de weinige uitverkorenen behoort ... !

Ik was, ook al door mijn Theosofische studies, gevoelig voor het motto van het 'dienen van de mensheid'. Dit was mijn ideaal, maar ik moest eerst zelf ontdekken, wàt ik de mensheid eigenlijk te bieden had!

Ik sloeg de weg in van transformatie. Dat ging tamelijk onbewust en er waren veel, bijna onoverkomelijk pijnlijke hobbels te nemen. De

Russen zouden hierbij een rol spelen, of ik dat nu wilde toegeven of niet. Ik zou de weg inslaan van confrontaties, haat, keuzes, pijnlijke zelfkennis, liefde tussen man en vrouw, 'in de stroom geraken', die onstuitbaar is en vol creatieve energie en nog veel meer.

Toen, in augustus 1994, toen ik midden in nigredo (alchemistisch vagevuur) was, druppelde er opeens een gedachte bij me binnen, die van buiten afkomstig leek, want ik had daar nog nooit aan gedacht. Ik kreeg een suggestie om contact op te nemen met de vrijmetselaars, om me daarbij aan te sluiten en zo een vrijplaats en een praktische en spirituele bescherming te vinden in mijn huidige toestand.

Ik pakte het telefoonboek en belde een dame die daarin vermeld stond als lid van een gemengde vrijmetselaarsloge, mevrouw J. van der Wolkoff. Zij woonde vlakbij me. We maakten een afspraak en ik werd geïntroduceerd bij de gemengde Loge Plotinus. Na de afwikkeling van allerlei formaliteiten werd ik op 10 januari 1995 ingewijd als leerling vrijmetselaar, op 28 mei (de verjaardag van mijn vader, die in het toenmalige Nederlands-Indië ook vrijmetselaar was geweest) 1996 tot gezel en op 23 september 1997 werd ik na het afleggen van de proef verheven, zo heet dat, tot meester vrijmetselaar. Het ging volgens het Schotse Rituaal.

Ik maakte kennis met rituelen en symbolen en vervulde al snel de functie van secretaris van de loge. Ik vind het, als workaholic, altijd prettig om nuttig werk te doen, en bleef voortborduren op het insigne, dat ik kreeg bij de padvinderij (ik was toen kabouter en ongeveer twaalf jaar oud), tw. de gele band van 'helpster'. Dat lag me kennelijk goed, want mijn hele leven lang heb ik, tamelijk onbewust, deze actieve, helpende drang gehad. Soms met niet zulke prettige gevolgen, want voordat je het weet raak je in een soort centrum van gebeurtenissen, die je niet bedoeld had.

Die tijd bij de vrijmetselarij is heel belangrijk voor me geweest. Ik had groot respect voor de levensstijl die werd nagestreefd, de beschaving van onze cultuur, de beschaafde en respectvolle wijze van met elkaar omgaan, kortom: het nastreven van innerlijk adeldom. We droegen stemmige zwart-witte kleding: lange zwarte rok, witte bloes, geen sieraden. De mannen waren in rok.

De vrijmetselaar wordt geacht zich los te maken van de kuddegeest in de maatschappij en te beseffen dat het om hem- of haarzèlf gaat, dat hij/zij zèlf zijn of haar levenskoers dient te bepalen en te volgen. Hij moet zijn eigen individualiteit vinden. Er bestond wel een hiërarchie in de vorm van drie graden en functies, maar dit was niet meer dan logisch om zodoende het werk aan zichzelf te kunnen verrichten. De betekenis en inhoud van deze rangen waren duidelijk voor iedereen en het bereiken van een hogere graad was ieders eigen keuze en verantwoordelijkheid. Dit sprak me zeer aan. We leerden, dat je door innerlijke groei steeds meer in staat wordt om een positieve bijdrage aan de maatschappij te leveren. Want dat is het doel van de vrijmetselarij, de wereld op een hoger plan te brengen. De rituelen waren gericht op het individuele bewustwordingsproces en weerspiegelden de geschiedenis van de vrijmetselarij, teruggaand naar het Oude Egypte, de Tempeliers en de Joods-

Christelijke traditie. De rituelen en ceremoniën vond ik prachtig, doch heb ze lange tijd nauwelijks begrepen. En ik was niet de enige, want vaak werd in de loge ronduit gesteld, dat, hoewel onbegrepen, de rituelen van de vrijmetselarij in de huidige vorm volledig intact moeten worden doorgegeven naar de volgende generaties, en dat er dan een tijd zal komen, dat men hun betekenis zal kennen en dat hun rol in de ontwikkeling van de mensheid duidelijk zal zijn. Later ontdekte ik, dat de rituelen in feite de Christelijke mystieke inwijdingsweg betreffen en ook bedoelen te zijn. Men richtte zich op het afleggen van de persoonlijkheid, het zich bewust worden van broederschap, in eerste instantie de broederschap van de vrijmetselaars. Nog steeds maak ik, in het praktische leven, gebruik van de kennis die ik heb opgedaan, ik begrijp situaties beter en kan ze achteraf op een vruchtbare manier inpassen in de loop die mijn leven neemt. Vooral de leer van de drie graden: leerling, gezel en meester, die ook in de middeleeuwse gilden golden, zijn een inspirerende richtlijn voor mijn leven. Praktisch, maar ook ethisch of esthetisch.

Na zeven jaar vrijmetselaar te zijn geweest, kreeg ik het gevoel dat ik geestelijk niet veel verder kwam en dat ik me teveel op het formele richtte, want dat is ook een bepaald leeraspect. Ik vond de bijeenkomsten op elkaar lijken en ik vroeg me af, of ik werkelijk groeide, of dat ik het allemaal gewoon erg gezellig vond. Zoals bij de vroegere tempeliers was er een gezellig sociaal leven in de loges, er werd gefeest en de organisatie was ordelijk en duidelijk. Ik heb er erg veel geleerd en voel me echt vrijmetselaar. Dat is een goed gevoel. Het heeft te maken met het streven naar innerlijke aristocratie, zelfdiscipline, broederschap, eigenheid en geen kuddegeest, sociaal gevoel en idealisme.
Ik neem aan, dat ik de loge genoeg heb teruggegeven voor het gastvrije en beschermende onderkomen, dat ik daar gevonden had, toen ik dat in 1994 zo dringend nodig had. Ik ben een gewetensvol secretaris geweest, volgens sommige zusters zelfs iets te plichtsgetrouw...

In 2001 kondigde ik aan, dat ik een jaar in de 'verpozing' wilde gaan, en dat ik nog niet wist of ik daarna weer terug zou komen. Ik was zeven jaar lid van Loge Plotinus geweest.

Visioen over de cobra.

In die periode heb ik me als vrijmetselaar nog een keer nuttig willen maken voor de mensheid door bestuurslid van een liefdadigheidsinstelling, te worden. Althans dat dacht ik.

Ik had op uitdrukkelijk verzoek van een Nederlandse, die in India woonde, en na haar dringende smeekbeden, uiteindelijk ingestemd om secretaris/penningmeester te worden van een nog op te richten stichting, die Hollandse giften naar India moest doorsluizen. Het was voor een goed doel: haar weeshuis voor arme kinderen. Het werk heb ik op mijn bekende transparante manier aangepakt, met het gevolg dat ik steeds minder populair bij haar werd, want zij bleek geen behoefte te hebben aan transparantie. Nadat ik met twee collega bestuursleden, met wie ik goed overweg kon, in India was geweest om het project te bekijken, stapte ik uit de stichting,. Op de plek van het weeshuis, vlakbij Tiruvannamalai (de vroegere woonplaats van Ramana Maharshi) waren, zoals men zei, nogal wat slangen, vooral cobra's.

Toen ik terug was in Holland, had ik een soort visioen of ervaring, waarbij ik opeens, terwijl ik ergens op de grond zat, in het halfduister een grote cobra 'zag' naderen. Vlak bij me verhief zij zich en zette zich uit. Ik was verstijfd van angst en ook vol bewondering, want ik vond haar erg mooi. We staarden elkaar secondenlang aan, en het enige wat ik toen opeens uitbracht was 'ik ben onschuldig', ik weet niet waarom ik dat zei, maar ik moest dat zeggen. Dat bleek goed te zijn, want toen ging ze weg. Na die tijd ben ik minder bang voor slangen. Ik heb hier en daar dit visioen verteld en kreeg daar heel mooie antwoorden op, over mijn onderbewustzijn en zo. Georgy relateerde het visioen echter aan de vijandigheid van deze dame en haar Indiase consorten, die financieel van haar profiteerden en

waarschijnlijk in mij ook een bedreiging hadden gezien... Dat was
dus weer een droom/visioen over een slang in een conflictueuze
situatie.

Na dat jaar, toen ik me met een aantal andere zaken bezighield,
maakte ik de vergissing om, na enig aandringen van de betreffende voorzittend meester die een vriendin van me was, me te laten
overhalen me bij een andere loge aan te melden. Dat was een loge,
waar het Engels Rituaal werd uitgevoerd en dat was verschillend
van het Schotse Rituaal. Later begreep ik, dat ze een tekort aan
meester-vrijmetselaren hadden om de ritualen uit te voeren en het
is natuurlijk legitiem dat men probeerde mij binnen te halen. Mijn
gezondheid was niet goed in die tijd, want ik had in Zuid Rusland,
in de Krim, een slepende longontsteking opgelopen, die eerst niet
onderkend werd en die me heel wat energie heeft gekost. Op een
gegeven moment dacht ik, dat mijn levenseinde in zicht was, zo slap
en zwak voelde ik me. Dus ik was niet op mijn best. Na een persoonlijk conflict met iemand van de loge, die me ervan beschuldigde dat
ik iemand anders 'onderdrukte' toen ik een mopje maakte, besloot
ik om die loge te dekken, dus te vertrekken. Dat was in 2003. Voor-
lopig zou ik me niet meer bij een loge aanmelden. Maar ik vind het
een eer om vrijmetselaar te zijn.

Ik ben gebonden aan de gelofte, dat ik niets mag vertellen over de
inhoud van de vrijmetselarij en daar houd ik me aan. Ik maakte
diverse bouwstukken. Dat zijn studies of werkstukken en, als een
soort examen, van belang voor de toegang naar een hogere graad.
Ze worden als lezingen in de loge, en ook in de andere loges, voor-
gedragen. Hieruit moet blijken hoe je innerlijke ontwikkeling is verlopen en of je rijp genoeg bent voor de volgende inwijding.
Mijn bouwstuk voor de derde inwijding, de Meesterinwijding, ging
over 'iconen schilderen' en beschreef mijn ervaring bij het leren
schilderen van mijn eerste icoon.

In februari 1997 veranderde ons leven en begon een nieuw, zoals later bleek, prachtig hoofdstuk in het leven van Georgy en mij en de gevolgen zijn tot op heden (juni 2009) aanwezig. Via een non die Georgy kende, werden wij attent gemaakt op een iconencursus van Bernard Frinking, een van de leerlingen van iconenschilder L. Ouspensky uit Parijs, die tot de traditie behoort die alleen mondeling haar kennis en kunde overdraagt. Daar kreeg ik een aantal inzichten, waarmee ik mij in de jaren daarna intensief heb beziggehouden.

Het was een tiendaagse Orthodoxe leergang, waarbij we met z'n vijftienen al die tijd in de Kerk in Amsterdam woonden en de levenswijze en kerkdiensten volgden als in een klooster.

We leerden dat het schilderen van een icoon een gedegen voorbereiding vereist. Allereerst: via gebed of meditatie tot innerlijke stilte komen. Dan het 'vasten' van ogen, oren en mond. We ontdekten bij een tekenexperiment dat we niet echt kunnen zien, omdat we het geziene meestal niet 'zien' maar 'denken'. We leerden over het ritmogram, dat is de uiterlijke vorm en weergave van het innerlijk van de te schilderen heilige en wel in één pennenstreek! Want we moesten begrip krijgen voor de innerlijke gesteldheid van de heilige en die sfeer *in onszelf* voelen. Dan moesten we de exacte meetkundige verhoudingen (de wetten) leren kennen, om te weten hoe – volgens de traditie – het gezicht en het lichaam van de heilige weergegeven moesten worden. Bij de catechese, 's avonds, leerden we over de zending van de Mens, en dat de weg van de Christus een therapeutische weg is, genezend. Waarvan moeten we genezen? Van de dood.

Iconen schilderen is de Weg van het Hart.

Tijdens de cursus ging ik innerlijk door diverse confrontaties en pijn (mijn verleden, mijn angsten, bepaalde blokkades) en ik voelde me alsof ik innerlijk steeds meer onder hoge druk kwam te staan. Op de zesde dag kreeg ik het zo moeilijk, dat ik mijn jas pakte en naar buiten ging. Ik liep een paar uur langs de Amsterdamse grachten en ging toen op een bankje zitten. De innerlijke druk was er nog steeds, ook een zekere wanhoop, en opeens voelde ik tranen. Ik huilde niet, want dat heb ik nooit goed gekund, maar toch stroomden de tranen over mijn gezicht.

Na enige tijd ging ik terug naar het kerkgebouw, waar wij deze tien dagen verbleven en studeerden. Toen ik mijn ervaring, een beetje verbaasd, aan iemand vertelde, werd ik omhelsd en gelukgewenst, want het werd beschouwd als 'een moment van zuivering van de lagere aard', een moment van genade.

Ik werd mij langzamerhand bewust van het groeien van een innerlijke dimensie, achter de dimensie die ik reeds kende bij mijn intellectuele en geestelijke zoektochten. Tijdens een liturgie zag ik in een visioen, dat ik over een soort afgrond moest springen om een nieuwe dimensie te betreden, een dimensie van licht die een totaal nieuwe visie geeft op wie wij zijn op deze aarde, op het eindeloze universum. De ruimte en het licht die ik aan de overzijde van die afgrond zag, zijn niet te bereiken via de studie van onze bestaande kennis of theologie in welke vorm dan ook, evenmin met de middelen van onze zintuigen en ons verstand. Door het zicht op deze nieuwe dimensie, werd ik mij bewust van enorme mogelijkheden en vergezichten (ook voor het verstand!) en (voor mij) nieuwe wetten van Mens en Kosmos. Dat zou de weg van de kennis via openbaring kunnen zijn, het geestelijk leven.

Georgy en ik volgden daarna nog enige cursussen van deze iconenschilder, en het bleek dat Georgy een groot talent heeft voor iconenschilderen. Na het schilderen van een icoon van de heilige Joris werd hij speciaal gezegend door de aartsbisschop en hij werkte enige tijd als iconenschilder voor de kerk. Een aantal iconen van hem hangen daar. Ik was minder vaardig met de penseel en ging lezingen houden over het schitterende innerlijke proces, dat wij hadden doorgemaakt.

Die tien dagen die we in de kerk gewoond en gewerkt hebben, waren een intense ervaring voor ons allebei en mijn ogen werden geopend voor de diepte van het Christendom. Ik werd dan ook prompt, in maart 1997, gezalfd in de Russisch Orthodoxe Kerk Maria Magdalena in Den Haag. Ik was in Indonesië al vlak na mijn geboorte in het ziekenhuis Katholiek gedoopt, dus een zalving was nu voldoende, vond de Russische priester.

Veel vrijmetselaars moeten niet veel hebben van de Christelijke kerk, maar toch luisterde men met interesse naar mijn bouwstuk, vooral in de hogere graden. Na afloop zei men blij te zijn iets meer over de achtergrond en de betekenis van iconen gehoord te hebben en men zou ze nu met andere ogen bekijken. De broeders en zusters van mijn Loge P. waren intellectueel gericht, zakelijk, no-nonsense, wat ik over het algemeen zeer waardeer.

Ik ben zeven jaar lid geweest van de gemengde vrijmetselaarsloge Plotinus en zie deze periode als een heel nuttige en mooie ervaring. Op de een of andere manier is de ervaring met de vrijmetselaars achteraf niet zo 'geladen' als bijvoorbeeld mijn ervaring met de Soefi's, de Theosofen of de Russen. Ik denk dankbaar terug aan deze periode, aan mijn zusters en broeders, aan de ervaring die ik heb opgedaan, maar de indruk die bij me achterblijft is minder onuitwisbaar. Er waren veel ceremoniën, het was formeel, en na de loge altijd erg gezellig. Ik kon op een gegeven moment echter niet meer het geduld opbrengen om alle rituelen uit te zitten, die vaak niet vlekkeloos verliepen, omdat niemand het ritueel uit zijn of haar hoofd kende. Ik kreeg niet de indruk dat ik/men persoonlijk erg veranderde, hetgeen toch de bedoeling is van de persoonlijke ontwikkeling als vrijmetselaar. Misschien dat de uiterlijke aspecten, het decorum en de versierselen van de vrijmetselarij me afleidden van de innerlijke opdracht? Het aangename was dat je leuke contacten kreeg, soms werden het vrienden, het waren over het algemeen mensen 'van niveau', intellectueel en maatschappelijk gezien. Ik dacht niet dat de oudere garde erg open stond voor verandering. Mijn relatie met de voorzittend meester werd na een paar jaar minder goed, vermoedelijk omdat ik niet op haar wens was ingegaan om haar bij de ontmoetingen met de Russen te introduceren. Ze kende mijn situatie met Georgy en de andere twee Russen, ik had haar erover verteld, de plussen en de minnen, en ze was geïnteresseerd, maar ik was bang dat, als de ontmoeting niet goed zou vallen, ik problemen zou krijgen. Dat was het laatste waarop ik zat te wachten. In die tijd lag ik erg met de Russen overhoop en zat midden in een reparatieperiode van mijn huwelijk.

Ik beschouw de zeven jaar bij de vrijmetselaars als een tijd waarin ik een dringend noodzakelijke vrijplaats had gevonden, een veilig onderkomen ter bescherming tegen degenen die mij in de eerste helft van de jaren negentig meenden te moeten vervolgen en belasteren. En voor die 'vrijplaats' zal ik altijd heel dankbaar zijn.

Langzamerhand ben ik me ervan bewust geworden dat scholen, hun leringen en hun meesters op zich prima zijn, en dat deze uiterlijke situaties wel leerzaam waren, maar me niet dichter bij mezelf brachten, niet dichter bij God. Ik had het gevoel dat zij, meestal met de beste bedoelingen, uiteindelijk hùn Weg op mij afdrukten, hùn ziel, en dat mijn ziel, het meest innerlijke in mij, in de verdrukking kwam. Ik had geen beeld wie of wat. Ik wist alleen, dat als ik mij had teruggetrokken van de uiterlijke leraren, ik in mijn eigen 'universum' kwam, en me temidden van een Familie bevond, die vaag te vergelijken is met de aanwezigheid van engelen, hogere mensen, Jezus Christus, misschien wel God. Ik had een vaag besef van wat ik van Hen verwachtte, maar dacht altijd, dat Zij zich wel via uiterlijke situaties zouden manifesteren.

Vsevolod zei eens tegen me, dat zij (of hij alleen, dat weet ik niet meer) tot de Witte Loge behoren. Ik nam daar belangstellend kennis van.

Ik zocht steeds weer een school, een uiterlijke school, maar liep steeds vast en vertrok dan, terug naar mijn alleen zijn. Daar ik nog niet wist hoe ik deze weg in mijzelf (de ware innerlijke school?) definitief moest vinden, zocht ik na enige tijd weer soelaas en informatie in de buitenwereld, bij scholen en geestelijke organisaties. Ik kreeg dan aardige vrienden, die ook op zoektocht waren en dat was wel gezellig.

Op dit moment weet ik, dat mijn ontmoeting met het orthodoxe Christendom, dus met de Russisch Orthodoxe Kerk, mij uiteindelijk op de gewenste weg heeft gebracht. Dus na mijn ontmoeting met de Russen en hun school. Vsevolod zei eens dat ik me moest realiseren dat mijn intuïtie ontwikkeld is en dat ik daar op moet vertrouwen.

Dit kan als volgt geïllustreerd worden:

Bij het vertalen van de boeken van Kliment kwam ik vaak woorden en uitdrukkingen tegen, die ik daarna 'toevallig' tijdens mijn gebeden en in meditatie te 'horen' had gekregen, een keer tijdens mijn contact met de Heilige Panteleimon. Deze week was dat heel duidelijk ten aanzien van het door Kliment omschreven begrip 'mystiek kristal', dat we in ons moeten vormen en dat ons de kracht en de richting geeft om te groeien. Tijdens een meditatie legde ik de Heilige Panteleimon mijn vraag over dit begrip voor, en toen wees hij me op een vonk in mezelf, iets dat schittert, en hij zei dat het alleen om déze vonk gaat, en om niets anders, ook niet om wat er met je gebeurt via de buitenwereld. Hij verwees naar deze kern als het allerbelangrijkste en dat ik dat goed moest onthouden.

Een ander woord uit een boek van hem is de 'wind' van de school en de beschrijving daarvan.

Op 25 februari 2002, 's ochtends heel vroeg, kreeg ik een wonderlijk visioen en toen ben ik achter mijn computer gaan zitten en heb met de ogen dicht, om niet afgeleid te worden, onderstaand dichterlijk proza opgeschreven. Ik wist niet wat deze wind was en Vsevolod heeft het gedicht een week later laten voorlezen, ook in het Russisch vertaald, tijdens een bijeenkomst.

Ik voel de adem van de wind van achter het gordijn
Hij komt van een ver verleden, van verre afstand en tijd
Hij was er altijd, hij waait zonder ophouden door planeten en sterren
Grenzen bestaan niet voor de wind, hij waait eeuwen en eeuwen
De wind is helder als kristal en heeft een gouden glans, hij draagt de
Liefde mee...
Door alle tijden heen bracht hij de mensheid de boodschap: het goddelijke zal op aarde komen
De vormen in onze wereld geven onderkomen aan de wind en zij worden wakker
En weten dat zij verwacht worden, ergens aan de grenzen van de werelden

De wind van de Heilige Geest is er vanaf de schepping van Adam

En maakte dat de Heilige Geest in miljoenen mensen kan incarneren

Dit gebeurde altijd, het gebeurt zelfs nu

Door gedachten en gevoelens, door poëzie en de muziek der sferen

Door geloof, hoop en liefde, door de harmonie van de geest

De straal van hulp uit de hogere werelden komt door het offer van de dragers van de wind

De wind waait altijd, hij is eeuwig als de wet van schoonheid

We weten niet vanwaar hij komt en waarheen hij gaat

Hij is de wind van de Heilige Geest, de wind van de God van al het bestaande

De wind van de hemelse valleien van gouden glans

De glans die altijd aanwezig is in de diepte van de mens

En hem doet ontwaken tot universeel bewustzijn

Zodat hij verandert van een kosmisch punt in een grootse sfeer

In een sfeer die eens zal ontvlammen en een ster worden

Dat is de geestelijke mens.

Ik vind zelf, dat hier een samenhang lijkt te zijn met de zeer spiritu-ele, voor meditatie bedoelde, tekst van Inayat Khan, Nasihat, die ik in dit boek eerder vermeld heb.

Soms was er een grappige droom:

Ik droomde dat ik, op een stoel gezeten, met twee mensen van de school ademhalingsoefeningen deed. Men had mij uitgedaagd en wilde wel eens zien of ik het kon. Tegenover me zat H. Ik begon stoer met de oefeningen, en op een bepaalde manier in te ademen en uit te ademen. Maar direct begon mijn gezicht te vertrekken en op te zwellen, mijn linkeroog werd dichtgeknepen door een zwelling en ik was zeer verbaasd. Maar ik wilde niet opgeven, dus ik ging gewoon door. Even later zei ik dat ik er toch maar mee stopte, en toen was de droom voorbij. Georgy zei vanochtend dat die oefeningen kennelijk niet voor mij bedoeld waren.

Vandaag is mijn moeders negenennegentigste geboortedag... Wij hebben sinds haar overlijden zeer regelmatig voor haar gebeden en in de Russisch Orthodoxe Kerk panichides voor haar opgedragen, dat zijn speciale gebedsdiensten voor overledenen. Haar naam staat dan ook altijd in het gebedenboekje voor overleden familieleden, dat Georgy iedere zondag aan de priester geeft en daar wordt voor haar, en ook voor mijn vader, gebeden. Wij weten dat dit belangrijk is en een geestelijke steun voor de overledenen. Hun ziel krijgt dan een impuls van licht en goddelijke liefde, en dat kan hen verder helpen in de staat, waarin zij verkeren.

Ik denk niet zo vaak aan mijn moeder, ik denk dat er de laatste jaren vóór haar dood te veel bittere dingen zijn gebeurd. Ik denk, dat ook zij worstelde met haar jeugdervaringen, de ervaring van het Jappenkamp, de dood van mijn vader, en dat dit op hoge leeftijd ernstiger was geworden. Als men vóór die tijd geen moeite heeft gedaan om iets aan deze pijnlijke ervaringen te doen, door overdenking, vergeving, zelfvergeving, en het bidden tot Jezus Christus, dan zal het, denk ik, als onkruid woekeren en ongecontroleerd naar buiten komen. Vooral door projecties en dit wordt dan een hel... En zéker voor de omgeving...

Ik heb geen portret van haar in mijn huis staan, wel van mijn vader. Vlak nadat ik eigenares van het huis was geworden kreeg ik via mijn pianolerares twee jonge huurders in de parterre. Die vroegen mij of ze de kasten mochten slopen en er nieuwe planken leggen, en het vloerkleed in de gang verwijderen, hetgeen ik goed vond. 's Avonds in bed, voelde ik een zware, paniekerige druk op me, zoiets van 'ze zijn bezig het huis af te breken, doe er wat aan!' Ik weerstond de druk, denkend 'nou, so what?' Later dacht ik, dat het Thea, zoals we mijn moeder noemden, geweest moest zijn. Ze was altijd nuchter en reëel geweest en het was heel goed mogelijk, dat zij, vanuit het hiernamaals, mij die ingeving had bezorgd. Daarna droomde ik, dat we naast elkaar liepen, met nog een paar andere mensen, en dat ik nadrukkelijk tegen haar zei: 'Het huis is nu van mij, hoor!' Ik bedoelde daarmee, dat ze zich er niet meer mee moest bemoeien. Dat vond ze okay.

Toen droomde ik een keer dat ik haar in een, ziekenhuis bezocht, ze lag daar in bed met verpleegsters om zich heen. Het was me niet duidelijk wat haar ziekte was.

Eens droomde ik dat ik haar op straat tegenkwam, ze was een jonge vrouw van begin twintig. Ik was ook rond de twintig en we studeerden aan de universiteit. We kwamen elkaar tegen en ik groette haar als een goede vriendin, en zij mij.

Daarna heb ik nog weinig van haar gedroomd.

Ik ben Christen en heb mij tamelijk diep met de Russisch Orthodoxe Kerk verbonden. Zij geeft mij heel veel, zij geeft mij een aanwijzing voor de weg naar het Licht, voor de hogere aspecten in mij, zodat ik in de strijd van het leven een richting meen te herkennen. Ik ben geneigd om mij over te geven aan het gelukzalige gevoel van Licht, Liefde en Geluk, en krijg vaak inzichten of een soort informatie tijdens de gebeden.

Vandaag kreeg ik het interessante inzicht, dat het wel mooi is als we ons helemaal op onze hogere aspecten richten. Maar, dat het daar niet om gaat. Ik kreeg de ingeving dat het goddelijke wenst dat wij *ervaringen* hebben, dat wij het leven leren kennen in al zijn hoedanigheden en het daadwerkelijk *leven*, dat wij leren wat de gevolgen van onze keuzes zijn, kortom dat wij als een prachtige bloem in al onze aspecten tot ontwikkeling en groei komen. We hoeven geen bescheiden viooltje in een hoekje te zijn, dat in liefde voor God mooi en goed wil zijn, maar als we een grote, kronkelig gegroeide eik zijn, met veel takken en bladeren, komen wij ook dicht bij Gods wens. Het goddelijke, het contact via gebed en geloof, is een hulpbron en een krachtbron, en als we Liefde voor God leren, kan deze ontwikkeling leiden tot Gods groeiende tevredenheid over hoe wij het doel proberen te bereiken, het doel is: te staan voor Zijn Aangezicht en Hem de hand reiken als onze grootste Vriend en ons allerhoogste Zelf. Nu heb ik het alleen over ons mensen op deze aarde. Hoe het in andere werelden is, kan ik niet direct zeggen. Misschien heb ik dat wel geleerd bij de Theosofie, het Soefisme, de Vrijmetselarij, in de school van Vsevolod, en bij mijn eigen Weg, en is dat wel in mijn bewustzijn aanwezig.

Ik ben erg blij met dit inzicht. Ik ga er verder aan werken en ik voel God nu dichtbij, als mijn Meester.

Wat betekent dit? Ultieme Totale Vrijheid? Dat begrip wil ik nog nader invullen, maar het voelt wel zo. Het is vrijheid en verantwoordelijkheid voor de eigen keuzes en de gevolgen daarvan. De vrijheid om zelfs *niet* goed te doen, de vrijheid om *niet* volgens de normen van de anderen te leven, de vrijheid van een strikt persoonlijk contact met God, als de Geliefde, de Vriend en de Meester. Is dit het zich bewust worden van de Kosmische Mens die wij zijn?

Gisteravond was er iets speciaals in de atmosfeer, iets van licht en liefde. Ik vraag me af of het samenhangt met het bezoek van Paus Benedictus XVI aan Zuid-Duitsland. Ik voelde me vanaf het moment dat hij in the picture kwam, heel speciaal met hem verbonden. Dit contact ontstond toen ik hem toevallig voor het eerst zag op de Italiaanse televisie (RAI) tijdens de begrafenis van de vorige paus. Hij gaf de communie aan de gelovigen op het plein, ik wist nog niet wie hij was en keek toe. Toen zag ik, dat hij bij het uitreiken van de communie licht doorgaf, via zijn handen dus. Ik werd er door geraakt en zei tegen Georgy: 'dit wordt de volgende paus!' Het was kardinaal Ratzinger, die inderdaad enige tijd later paus Benedictus XVI werd. Tot een aantal weken daarna was ik geïnspireerd en dacht dat hij misschien door dit Licht het Christendom in de Westerse wereld weer zou doen opleven. Gelukkig versta ik Italiaans, zodat ik zijn speeches op de Italiaanse televisie goed kon volgen. Zou hij mij de richting naar de goddelijke wereld van het Christendom kunnen wijzen? Ik weet, dat ik de 'sprong' in innerlijke gesteldheid moet maken uit de kleverige persoonlijke, stoffelijke wereld, naar de lichte wereld die ongelooflijk veel wijder en grootser is. Misschien verblijft hij daar wel continu, of bij tijd en wijle.

De laatste tijd heb ik innerlijk veel moeite heb met Vsevolod. Ik begrijp nog steeds niet waarheen hij de mensen van de school wil leiden. Dat hij ze energie geeft voor het uitwerken van hun persoonlijke karma vind ik best, en ook dat hij iedereen aanraadt lid van de Orthodoxe Kerk te worden. Ze kunnen daar 'geestelijke bescherming' krijgen. Ik weet nog steeds niet of ik hem wel vertrouwen kan. Nu is het wel zo, dat ik mijn leven lang een zeker aversie heb gehad voor z.g. leraren, wie of waar dan ook. Ik wist dat ik, op tijdelijke basis, wat van ze kan opsteken, maar ik wilde onder geen voorwaarde afdwalen van mijn innerlijk *zijn*, mijn eigen geweten en intuïtie, kortom mijn innerlijke vrijheid. Mijn innerlijk is altijd mijn feedback point geweest, en ik constateer dat met dankbaarheid.

Daar ik een zuiver beeld wilde krijgen van de school van Vsevolod,
ben ik in boeken gedoken over de historie en samenhang van het
Hermetisme, het Christendom, de Renaissance, Faust en uiteindelijk: de school.
Na lezing van Het Elixer en de Steen, over de wereld van magische,
occulte en onbekende krachten, geschreven door Michael Baigent
en Richard Leigh, werd mijn enthousiasme over het inzicht, dat ik
kreeg, steeds groter.

Het werd me duidelijk dat de Faustfiguur al vóór de jaartelling bestond, dat Alexandrië de bakermat was en Hermes, de Driemaal
Grootste, de inspirator, en dat zijn gezicht steeds wisselend was,
van de magiër van natuurkrachten en trucs, via de Renaissance magiër, via Goethe's Faust, de magiër die niet ten onder ging, maar een

nieuwe kans kreeg, naar de visie van de schrijvers dat op het huidige tijdstip van onze geschiedenis de magiër zal optreden, *die op zoek is naar God.* Voorheen is hier geen sprake van geweest, mede door de vijandige weerstand van de Katholieke Kerk, die ervan uitging dat zij de enige instantie was die kennis en wijsheid kon verspreiden.

Bij de uitvinding van de boekdrukkunst kwam een revolutionaire verandering in deze situatie: iedereen kon nu lezen wat hij of zij wilde.

Na een eeuwenlange strijd van de wetenschap met de filosofie, de officiële religie en de kunsten om de heerschappij over de westerse beschaving en samenleving, was de wetenschapper, na de 2^e wereldoorlog, de 'nieuwe' magiër. In de jaren zestig van de 20^e eeuw zag men een nieuwe ontwikkeling, een occult revival, de onderliggende kracht was gericht op waarden, een zich opnieuw oriënteren op integratie, heel zijn, organisme en synthese. Ook werd het genoemd: Jung en dat 'mystieke gedoe'. Dit werd met de nek aangekeken vanwege het egocentrische aspect. Esoterisme, oftewel New Age aanstellerij en grillen, werd een bron van spot. Het betrof echter meer een soort revolutie, het soort dat de Renaissance gekarakteriseerd had, een revolutie in houding en waarden, in het bewustzijn zelf, in zienswijzen en in de interactie met de werkelijkheid. Veel was hierbij te danken aan een corpus binnen de 'esoterische'leer, dat wordt aangeduid met de term 'hermetisme'. Dit benadrukt o.a. de onderlinge verbondenheid tussen verschillende soorten wijsheid.

In die zin kan de revolutie van de jaren zestig die in het bewustzijn plaats vond wel als hermetisch gekenschetst worden. De ontwikkeling der wetenschap was na 1945 echter gefragmenteerd geworden. Te grote specialisaties, geen dwarsverbindingen meer. Wie echter bij Goethe, Balzac, Tolstoi, Dostojevski, Proust enz. te rade ging, vond een meer volledig perspectief en expliciete verwijzingen naar het hermetisme. Bij Lawrence Durrel kwam men voor het eerst verwijzingen tegen naar het Corpus Hermeticum en de namen van Paracelsus en Agrippa. In zijn Alexandria Quartet gaf hij een geromantiseerde beschrijving van Alexandrië en maakten we voor het eerst kennis met de wieg van het hermetisme. En dus ook met de meest 'hermetische' van alle geestelijke disciplines, die der *alchemie*, als een complex en symbolisch systeem dat seksualiteit als metafoor voor kunst gebruikte, kunst als metafoor voor seksualiteit en beide als metaforen voor een vorm van zelftransformatie. Toen kwam Jung in the picture. De opwindende ontdekking van het hermetisme was, dat uit dit perspectief men kennis en werkelijkheid kon zien, net zoals men de aarde vanuit de ruimte kon beschouwen, n.l. als een naadloos, geïntegreerd geheel. Vanuit dit perspectief vonden we de verbindende schakels tussen uiteenlopende disciplines en studieterreinen, die de universiteit zelf kunstmatig scheidde en fragmenteerde, isoleerde en afzonderde.

Maar tegelijkertijd voorzag het hermetisme in iets meer dan een abstract begrip, het bood empirische inzichten in de manier waarop *magie*, bijna altijd een kwaadaardige vorm van magie, gebruikt en uitgebuit werd binnen de moderne westerse maatschappij, voor corrupte doeleinden. Het werd, althans in de moderne wereld, een metafoor voor bepaalde bedrieglijke soorten manipulatie, voor de 'kunst om dingen te laten gebeuren'op een manier die aan het hermetisme zelf vijandig was.

De Renaissance was geworteld in waarden die later 'humanistisch' werden genoemd. Doch de ware impuls was, zo bleek, uiteindelijk in wezen een 'magische' te zijn. Nu moest het 'universele genie', de figuur die de tijd voor het nageslacht zou belichamen, nog gevonden worden. We vonden hem tussen de 'magiërs der Renaissance', in een fictieve vorm, binnen een streng Christelijk morele context, in de vermomming van Marlowe's Doctor Faustus. In een tolerantere en prettiger context vonden we hem in Goethe's Faust. Hij vertegenwoordigde de rusteloosheid, de nieuwsgierigheid, de moed, de honger naar kennis, de minachting voor de conventie, alles dat onze generatie kenmerkte. Beide Fausten confronteren de westerse beschaving met een belichaming van haar collectieve identiteit.

In tegenstelling tot Jezus Christus probeert deze figuur niet anderen naar God te leiden, evenmin probeert hij voor zichzelf eenheid met God te bereiken. Integendeel, *hij wil niets minder dan God zelf* worden. Om dit te bereiken gebruikt hij de technische middelen van zijn tijd om de beheerder van een immense en nog ongebruikte macht op te roepen, een macht die volgens de traditionele, christelijk moraal 'infernaal', 'demonisch', 'diabolisch' en 'satanisch' is. Met deze figuur sluit Faustus een pact. Hij zal de beschikking krijgen over alle bronnen en mogelijkheden om het onbekende te onderzoeken en in kaart te brengen. In ruil daarvoor, aan het eind van het hem toebedeelde tijdsbestek, zal hij zijn ziel verspelen.

Een belangrijk verschil tussen Marlowe's zestiende eeuwse bewerking van het verhaal en dat van Goethe, dat aan het eind van de achttiende en het begin van de negentiende eeuw werd geschreven, is dat aan het eind van Marlowe's toneelstuk Faustus zijn ziel verkocht heeft en dat is permanent, onomkeerbaar. Aan het eind van Goethe's gedicht wordt het verkopen van zijn ziel, dankzij de tussenkomst van das Ewigweibliche, uitgesteld waardoor er nog redding en verlossing voor Faust mogelijk is.

Nu, in de eenentwintigste eeuw, heeft onze beschaving de mogelijkheid om zijn eigen Faust-versie te schrijven. De vraag blijft of we dat doen op de manier van Marlowe of die van Goethe, of van iets heel nieuws, *de zoektocht naar God*.

En toen verdiepte ik mij in het boek, getiteld 'De Heilige Silouan, de Athoniet', geschreven door Archimandriet Sophrony. Hij schreef het volgende en dit bracht mij tot een diepe ontroering, want ik heb al beleefd dat de grenzen van mijn 'geloof' te beperkend zijn, en dat ik dat terrein los moet laten en God liefhebben, dat is alles waar het om gaat.

Het commentaar van de Archimandriet komt op het volgende neer:

'Vele filosofische theologen, die in wezen rationalisten zijn, bereiken een supra-rationele, wij zouden zeggen een supra-logische intellectuele sfeer, maar deze supra-logische sfeer is nog niet de goddelijke wereld, maar is besloten binnen de grenzen van de menselijke, geschapen natuur; en als zodanig besloten in haar natuur, is zij toegankelijk voor het verstand langs natuurlijke weg.

Hun rationele waarnemingen passen niet in het kader van de formele logica en zij gaan over naar de sfeer van de metalogica. Desalniettemin blijven hun waarnemingen in wezen het resultaat van de verstandelijke activiteit.

De overwinning op de beperkte formele logica is het bewijs van een hoge intellectuele cultuur, maar het is nog niet het 'ware geloof' en het ware schouwen van God.

Zij schouwen slechts de schoonheid van hetgeen geschapen is naar het beeld van God, en omdat zij voor de eerste maal deze sfeer van het 'zwijgen van de geest' binnengaan, ervaren zij een zekere 'mystieke opwinding'. Zij beschouwen hun waarnemingen als de ervaring van de mystieke omgang met God, terwijl zij in werkelijkheid nog binnen de grenzen van de geschapen menselijke natuur blijven. De redenerende geest overschrijdt dan de grenzen van tijd en ruimte en geven de beschouwer het gevoel van de eeuwige wijsheid. Dit zijn de uiterste grenzen die de redenerende geest op de wegen van zijn eigen, natuurlijke ontwikkeling en zelfbeschouwing kan bereiken. Deze ervaring is in haar wezen een ervaring van pantheïstische orde.

Als de mens deze 'perken des lichts met de duisternis' (naar Job 26:10) heeft bereikt, dan schouwt hij de schoonheid van zijn eigen geest, die velen als godheid hebben beschouwd. Het licht dat door hen wordt geschouwd is licht, maar *niet het ware licht, waarin geen enkele duisternis is.* Het is wel het *natuurlijke* licht van de geest van de geschapen mens naar het beeld van God.

Dit licht van de geest, dat in zijn waarde het licht van elke empirische kennis te boven gaat, kan met hetzelfde recht *duisternis* worden genoemd, want het is de duisternis van de abstractie of van de

berooidheid waarin God niet is; en in dit geval, misschien nog meer
dan in ieder ander geval, moet men zich de woorden van de Heer
herinneren: 'Zie dan toe dat het licht dat in u is, geen duisternis is'
(Luk. 11:35). De eerste kosmische, voorhistorische ramp, d.w.z. de
val van de morgenster, van Lucifer, die duisternis werd, was immers
het gevolg van de op zichzelf gerichte, verliefde beschouwing van
eigen schoonheid; een beschouwing die eindigde met zelfvergoddelijking.

Men kan dan zeggen: 'Maar zo is het toch vreselijk... Waar is dan de
garantie van de ware omgang met God, ter onderscheiding van de
dromerige, filosofische, pantheïstische omgang?'
De heilige Starets Silouan beweert categorisch, dat de *liefde voor de
vijanden* een dergelijke garantie is, op een niveau dat ondergeschikt
is aan onze logische controle. Hij zei: 'De Heer is nederig en zachtmoedig en Hij heeft Zijn schepsel lief en daar waar de Geest van de
Heer is, zal onherroepelijk een nederige liefde voor de vijanden en
een gebed voor de wereld zijn. En als jij deze liefde niet hebt, dan
moet jij hierom bidden; en de Heer, Die gezegd heeft: 'Bidt, en u zal
gegeven worden, zoekt en gij zult vinden' (Matth. 7:7), zal het aan
je verlenen.
En laat niemand het wagen deze 'psychologische' wet te mini-
maliseren, want een dergelijke psychische staat is het gevolg van
de ware goddelijke werkzaamheid. God de verlosser redt heel de
mens, dus niet slechts het verstand met de geest. Maar ook de psyche met de emoties, zowel het denken als het lichaam, alles wordt
door God geheiligd.'

Een grote ontroering komt over me. Het lijkt wel of het me verlossing brengt, want ik heb deze staat al ervaren! Bij mij betekent het,
dat, wat ik ook doe, ik in feite nooit door mijn gedrag dichter bij
God zal komen en daarmee bedoel ik natuurlijk ook Jezus Christus,
de Moeder Gods en de Heiligen. Maar dat hoef ik ook niet, ik voel

het als zijnde genoeg, dat mijn liefde en overgave aan God uit mijn wezen mag zijn en dan komt de rest vanzelf.

Wat een opluchting en hoe eenvoudig eigenlijk. Ik begin te bidden en voel me opeens los en vrij, bevind me in het zonnige lichte universum, er is duizend kilo van me afgevallen, ik *hoef* niet meer die loodzware kennis, die het gevoel van zonde en schuld en het gevoel van hulpeloosheid alleen maar vergroot, omdat we nu eenmaal geen heiligen zijn, maar schepsels die vanuit de aardse diepte naar het Licht moeten streven. Ik ben de weg gegaan, deze weg van onderzoek, kennis, menselijke hiërarchie, vooral in spirituele en aanverwante organisaties, het streven om iets tot stand te brengen, ja, iemand te moeten *worden* en steeds weer het gevoel gefaald te hebben. Ik laat dat nu los, schud de illusies als oude kleren van me af en vlieg als een adelaar zo vrij, hoog in de lucht, de zon en de liefde tegemoet... Ik ben wie ik ben, God heeft mij lief en ik wil Hem ook liefhebben. Dit verdient een gedicht.

De uiteindelijke consequentie is: volledige overgave, Geliefde Heer, Uw wil geschiede...

En dan volgt het gebed tot mijn beschermengel: 'Wees mijn voorspraak bij de Heer, dat Hij mij bevestigt in ontzag voor Hem, *en mij maakt tot een dienaar die Zijn goedheid waardig is.'*

Dit is de opdracht aan de mensheid. Wanneer zijn wij Zijn goedheid waardig? Die goedheid is er altijd... Die betekent *werken aan onszelf*, het *veredelen* van onszelf, het richtsnoer voor ons leven zoeken bij het Goede, de Goedheid van God, het Hart. Wat een prachtige vergezichten biedt dat voor ons mensen: de groei naar innerlijk en uiterlijk adeldom, vanuit de Geest.

Gisteren, op zondag, ben ik voor het eerst sinds bijna twee jaar weer in de orthodoxe kerk geweest, bij vader N. Hoewel ik daar sinds 1997 gedurende zeven jaar in het kerkkoor heb gezongen en veel Russische, religieuze dingen heb geleerd, zijn Georgy en ik per januari 2005 verhuisd naar het orthodoxe nonnenklooster, waar de liturgie in het Nederlands is. Dat is ons heel goed bevallen, vooral omdat ik er genoeg van had, dat alles in het Russisch was en ik me er langzamerhand steeds meer buiten voelde staan. Verder was er eind 2004 een klein conflict tussen ons en Vader N. Georgy ging zo nu en dan nog wel naar de kerk om te biechten en communie te doen. Tot onze ontroering zei hij een paar maanden geleden tegen Georgy dat hij ons vroeg hem te vergeven als hij op de een of andere manier niet juist tegenover ons gehandeld heeft.

Enfin, gisteren was er weer een prachtige dienst in de kerk, vol van licht en verheffing van de ziel, en we besloten tot het einde te blijven. De dienst duurt hier langer dan in het klooster, omdat Vader N. een Russische monastieke regel volgt. Dus we konden ten afscheid het kruis in zijn hand kussen en toen keek Vader N. zo liefdevol naar me en vroeg hoe het met me ging, dat ik dat niet vergeten kan. Eigenlijk kende ik hem, voor mezelf, alleen maar als een enigszins barbaarse Russische macho en dat hoeft voor mij niet meer. Maar gisteren smolt mijn hart en voel ik me weer verbonden met zijn kerk. De zeven jaar dat ik me daar heb ingezet, waren ook prachtig en ik ben diep doorgedrongen in het Russische, religieuze hart. Voor de mystiek in de orthodoxie heb ik diep respect en het lijkt me, dat dit een van de belangrijkste Paden naar God is. Niet in de zin van spirituele scholen, die m.i. toch meer uitgaan van het aardse bewustzijn en ze kunnen ook niet anders i.v.m. het bewustzijn van hun leerlingen, maar in de zin van het visioen dat ik in februari 1997 tijdens de dienst in een orthodoxe kerk mocht hebben, toen we daar de iconenschildercursus bij iconenschilder Bernard Frinking volgden: als in een flits ging een gordijn opzij en zag ik grote, prachtige, lichtende wezens, waren het engelen? Ze waren betrokken bij de kerkdienst en leken parallel dezelfde liturgie uit te voeren.

Die tien dagen, die we in de kerk woonden en studeerden, blijken zo langzamerhand de belangrijkste ervaringen in mijn leven te zijn geweest. Georgy heeft zich als gevolg daarvan ontwikkeld tot een respectabel iconenschilder en een aantal iconen van hem hangt in de kerk, gewijd en wel, en ik heb zelf lezingen over mijn innerlijke en uiterlijke ervaringen bij 'het schilderen van mijn eerste icoon' gegeven, o.a. bij de vrijmetselaars. Bij loge P. werd ik toen toegelaten tot de meestergraad. Een jaar geleden hield ik dezelfde lezing hier thuis voor een groepje mensen van de school, maar dat liep minder goed voor mij af: ik was daarna twee dagen doodziek. Vermoedelijk was dit het gevolg van de psychische afweer van een aantal mensen en die 'ondergrondse' aanvallen kunnen lelijk aantikken. Daarna heb ik geen lezingen meer gegeven voor de mensen van de school. Helaas moet ik zeggen, dat ik in het algemeen niet veel affiniteit heb met de schoolmensen, ik ben zelfs een beetje bang voor ze. Soms voel ik in hun gezelschap een soort stomp in mijn maag, waarschijnlijk zijn ze zich daarvan niet bewust.

In een Theosofisch boekje las ik vanochtend iets, dat ik erg verhelderend vond, gewoon voor wat betreft mijn praktisch inzicht. Het is een boekje van C. Jinarajadasa en heet 'How we remember our past Lives'. Het is de originele uitgave van 1915 en gedrukt in Adyar, Madras, India, het oorspronkelijke hoofdkwartier van de 'Theosophical Society', waar ik in 2000 geweest ben. Het is niet het aspect van reïncarnatie dat mij boeide, maar de uitleg over de ziel en de persoonlijkheid, over wie is 'ik'? Temeer nog, daar Georgy en ik kort geleden de Nederlandse vertaling van een Russisch Orthodox boekje over het bestaan van de ziel na de dood hebben uitgegeven en deze samenhang leek mij heel interessant.

Hij schrijft dat het 'ik' van de gemiddelde man of vrouw nauwelijks meer is dan een bundel eigenschappen van seks, geloof en nationaliteit. Maar de Ziel is onsterfelijk, heeft geen besef van tijd, waardoor het op het dwaalspoor komt van jeugd en ouder worden. Zij is man noch vrouw, maar ontwikkelt in zichzelf de beste eigenschappen van beide seksen. Zij is noch Hindoe, Boeddhist, Christen of Moslim, omdat het leeft in het Ene Goddelijke Leven en dat Leven volgens haar temperament in zich opneemt. Zij is noch Indisch, Engels of Amerikaan, want zij behoort tot geen enkel land, hoewel haar buitenste omhulsel, het stoffelijk lichaam, tot een bepaald ras behoort. Zij behoort niet tot een bepaalde kaste of klasse, want zij weet dat allen deel uitmaken van het Ene Leven, en dat er voor God geen Brahmaan of Soedra, Jood of niet-Jood, aristocraat of plebejer bestaat.

De Ziel doet, gedurende een bepaalde tijd, een deel van Zichzelf, de Persoonlijkheid, uitgaan 'louter als voorwerp voor ervaring en experiment'. Zij kijkt naar en observeert het leven via haar *persona,* het 'masker' van een kind, jongeling of meisje, man of vrouw, vrijgezel, oude vrijster of huishoudster, oude man of oude vrouw. In het verleden waren haar persoonlijkheden die van Lemuriërs of Atlantiërs, Hindoes of Romeinen of Grieken, en Zij selecteert de beste persoonlijkheden en dankt de rest af. Literatuur, wetenschap, kunst, religie en beschavingen zijn Haar school en speelplaats, Haar werkplaats en studeerkamer. Haar nationalisme betreft de ondeelbare Mensheid en haar geloof is het samenwerken met 'Gods plan, dat Evolutie is'.

En het is deze Ziel die levens heeft gehad. Degene die vraagt 'waarom herinner ik mij mijn vorige levens niet?', doet dit via zijn persoonlijkheid. Het lichaam van die persoonlijkheid heeft hersens, maar daarin zijn de herinneringen van vorige levens niet opgeslagen. Die herinneringen bevinden zich in de Goddelijke Mens, die *niet* tot een bepaalde tijd, geloof of land behoort. Om zich de vorige levens van de Ziel te herinneren, moeten de hersenen als een spiegel fungeren waarin de herinneringen van de Ziel weerkaatst worden. Maar voordat dit het geval is, moeten de diverse vooroordelen over sterfelijkheid, tijd, seks, geloof, kleur of kaste, verwijderd worden. Zolang we dat niet doen houden we de barrières tussen onze hogere zelven en onze lagere zelven in stand.

Nou, dat brengt dus ons bewustzijn tot een bepaalde helderheid, en we krijgen een instrument erbij om onze relatie tot God steeds meer te zuiveren.

Ik zal er dankbaar gebruik van maken. Dank je wel, Theosofie! Dit zeg ik voor alle jaren dat ik me met je heb beziggehouden, en ik heb nog steeds de eer me een Theosoof te noemen.

Al enige jaren bid ik iedere ochtend en iedere avond de gebeden uit het gebedenboek van de orthodoxe Traditie. Dat is mijn gewoonte geworden en ik merk dat het bewust zeggen van deze gebeden allerlei sluiers wegtrekt uit mijn bewustzijn en me de dingen helder doet zien. Er staat: '...in het geheim maakt Gij mij wijsheid bekend...' (Ps.50:8)

Door het, als ik niet kan slapen, voortdurend Onze Vader te bidden, krijg ik een verbinding van licht, en dan is het of dit gebed een lichtende rivierstroom wordt, die gestaag verder stroomt, ook als ik niet bid. Dus dit bidden blijft dan wel gebeuren. Je voelt je dan rustig en zeker en het leven is niet meer zo beangstigend.

Ik merk, dat die angst komt uit de persona, zoals Jinarajadasa die beschrijft, en als ik het Onze Vader continu bid, voel ik iets wonderlijks: mijn 'ik' wordt omringd door een lichte, gouden energie en die energie is eeuwig. Die energie helpt mij om datgene, dat ik het 'ik' noem, door te lichten, want dat 'ik' ziet eruit als een duistere klomp, waarschijnlijk energie. Dat doorlichten maakt dat mijn problemen en angsten gladgestreken, resp. opgelost, worden en dan besef ik, dat ik me druk maakte om niets. Dat het allemaal illusies zijn en grillen van het denken. Maar wij kunnen er niet onderuit komen, want we *zijn* dat 'ik'! Dat dènken we tenminste, en dat is dus de grote illusie. Ik doorgrond meer en meer hoe die mechanismen werken en krijg handvaten om ermee om te gaan en mezelf niet meer te belasten met onzinnige problemen. Je leert, dat je alle recht hebt om rustig in je eigen zadel te zitten, in hara te zijn, je op het gouden innerlijk licht te richten, en daar de bron van je leven te vinden. Dus het instrument, het 'ik' moet zijn eigen belangrijkheid uitvagen, en zoveel mogelijk de heilige Silouan trachten te volgen, die zegt: 'Hou je geest in de hel, en wanhoop niet'. Dit bedoelde hij als geruststelling, want God is er altijd.

Vandaag gebeurde er iets wonderlijks tijdens dit morgenbed. Ik voel me ineens verplaatst naar het oude Egypte, ik krijg een inwijding en vlieg innerlijk de vrijheid van het universum en het licht tegemoet. De zon schijnt en er is woestijn om me heen, maar ook een wit gebouw. Ik ben gelukzalig. Ik ben in een tempel van, dacht ik, Isis en Osiris, want die namen komen bij mij binnen. Ik merk aristocratische gratie bij mij en bij de onzichtbare figuren om me heen. Maar nog typischer is, dat ik merk dat het wezen van deze inwijding en mijn Christelijke morgengebed, geen verschil uitmaken. Er is hetzelfde licht, dezelfde diepte, er is ook het besef van Christus, kortom: er is geen innerlijk verschil in ervaring en diepte tussen mijn orthodoxe morgengebed in het jaar 2006 ná Christus, en een situatie van inwijding, misschien wel, 2006 vóór Christus. Dit heb ik nog nooit zo meegemaakt. Het is een fantastische ervaring. Ik hoop hem nog lang te kunnen vasthouden.

Het is wonderbaarlijk. Ik heb door de orthodoxe Kerk diep mogen doordringen in het Christelijk geloof. Ik had daar al een zekere verwantschap mee en deze diepte heeft zich in de laatste acht tot tien jaar ontwikkeld. Het komt me voor, dat er in mijn innerlijk een dimensie is bijgekomen, dat ik tijdens de gebeden het Goddelijke en de Heiligen bijna in drie dimensies mag ervaren. De Moeder Gods is dicht bij me gekomen, en een paar dagen geleden schoot er een gedachte door me heen, met de vraag of ik bij Haar gevolg wilde behoren. Natuurlijk is mijn antwoord 'ja', hoewel ik er geen idee van heb wat dit betekent. Het is allemaal in mijn hart aanwezig.
Maar nu nog het meest wonderbaarlijke: mijn ervaring, tijdens de gebeden, over mijn inwijding in Egypte, geeft me een bevrijd, groots, geestelijk en misschien ook wel stoffelijk, uitzicht op het Levende Universum. Ik ervaar dat mijn mystieke ervaringen in het Orthodoxe Christendom misschien wel universeel zijn. Want deze diepte was ook aanwezig bij de ervaring in Egypte, en als ik verder reflecteer zie ik, dat ik Christus aanbid in Osiris, Brahma, Allah, Avilokateshvara… en nog meerderen, die me even niet te binnen schieten. De Moeder Gods aanbid ik ook in Isis (als ik fout zit, zal mij dit wel duidelijk gemaakt worden) en in de, eventueel in de andere godsdiensten bestaande, Goddelijke Moeder. De Moeder Gods is voor mij een heel speciaal wezen: het lijkt me dat zij een grote rol vervult als hulp bij het zuiveren van onze persoonlijkheid, zoals ik die boven beschreven heb. Zij is Mededogen en Goddelijke Moederliefde en wordt voortdurend daartoe door de gelovigen aangeroepen. Zij staat dan ook wat dichter bij de gelovige en spreekt miljoenen aan. Het lijkt, dat Zij daarvoor voortdurend te hulp wordt geroepen en daardoor ook heel dicht bij ons staat. Ik voel de laatste tijd een diepe verbinding met Haar en kort geleden had ik een ervaring, dat ik een extatisch, lichtend iemand was, die

zalig van geluk opdrachten in dit aardse leven uitvoerde. Ik weet niet of het opdrachten van de Moeder Gods waren, maar het gaat om die prachtige ervaring van het hoogste geluk, licht, creativiteit en energie, waarbij mijn hart vol liefde was.

Door dit inzicht voel ik me één met de diepte van alle grote godsdiensten en ik ben het Christendom heel dankbaar, dat ik door Haar kennis heb mogen nemen van deze diepte en de universaliteit van deze diepe beelden en ervaringen. Nu meen ik te weten, waarom ik weg ben gegaan bij de Soefi Kring, de eenheid van de godsdiensten werd daar te formeel gemaakt en, voorzover ik weet, was er niemand die tot in de diepte van, al was het maar één, van die godsdiensten echt was doorgedrongen. Dat was ook altijd mijn bezwaar tegen de manier waarop de Universele Eredienst werd uitgevoerd: enigszins oppervlakkig. Als het goed is, maken ook degenen die de andere godsdiensten belijden, deze diepte mee, als ze tenminste in de diepte, in de mystiek, ervan gaan. Het lijkt wel of ik een uitbreiding van mijn bewustzijn in deze diepte ervaar en dat maakt me buitengewoon gelukkig. Het voelt of ik eindelijk 'normaal' word.
Ik besef, dat als ik mijn orthodoxe gebeden doe, ik ook bid tot het universele van deze beelden in de andere grote godsdiensten en dat die zich inderdaad daar bevinden! Is dat niet prachtig, is dat niet fantastisch!
Hopelijk geven dit inzicht en deze ervaring mij de kracht en de kansen om in onze wereld te werken, praktisch en/of geestelijk, om deze Waarheid te laten 'incarneren' in het stoffelijk bestaan van alledag, in de mensen en in hun handelingen. Dit kan als ik creativiteit beoefen, zelfdiscipline en naastenliefde, respect en anderen probeer te helpen tot het bewustzijn van het hart te komen en te doen weten wat hun opdracht in dit aardse leven is: n.l. om dit Licht te vinden en onze goddelijke opdracht te beseffen. De opdracht om Gods wil op aarde te doen en ons volledig op Hem af te stemmen en te worden wie we bedoeld zijn.

Nederigheid

Sinds afgelopen zondag, de dienst in de kerk, voel ik gouden licht,
als een teder golfje, het is verlossend en bevrijdend en maakt me
nederig. Die nederigheid ontroert me diep, temeer daar ik denk dat
ik nu eindelijk nederig durf te zijn. In het 'horizontale' leven veroorzaakt dit wel eens dat anderen van je profiteren of je in de goot
manipuleren. Maar nu is de situatie anders, ik durf in dit zachte
licht te staan met die gouden golf, en ik voel dat ik me daar meer en
meer aan moet overgeven. Deze liefdevolle, tere, gouden golf zal de
teugels van mijn leven in handen moeten nemen. Hierdoor zal mijn
intuïtie me leiden en niet mijn angsten. Het vergt enige durf om me
hier helemaal aan over te geven. Maar ik wil helemaal niet anders.
Ik voel me zacht en lief, ik geef me over en dat brengt me diep geluk.
Ik ben er niet aan overgeleverd, want ik kan me ieder moment weer
richten op de harde, 'horizontale' wereld. Ik zal mezelf moeten trai-
nen om me hier steeds vaker en meer op af te stemmen. Is het mijn
Ziel? Zou dit de uitstraling van de Moeder Gods zijn? Ik voel me de
laatste tijd met Haar verbonden, alsof Zij in de driedimensionale
wereld verschijnt. Tijdens de gebeden voel ik deze diepte steeds vaker, alsof ik tegenover werkelijke personen sta, de Moeder Gods of
de heiligen. Dat maakt het bidden veel gemakkelijker, want je lijkt
een levende verbinding te hebben op dat moment.

Gebed

Vandaag las ik in 'De Heilige Silouan, de Athoniet' over gebed.
Het betreft het doel, n.l. het hesychastisch gebed, het opgaan in
en de overgave aan Christus door het gebed: 'Here Jezus Christus,
Zoon van God, ontferm U over mij, zondaar'. De verbeelding biedt
hierbij vele valkuilen, v.n. het rationalisme dat geldt bij vele soorten meditaties, gebeden op goddelijke beelden die men zichzelf
schept, het gevaar van het 'scheppen van God' i.p.v. te beseffen, dat
God *ons* geschapen heeft, de ultieme val wanneer men zichzelf God

acht. Hij wijst op de *duisternis* van de abstractie of van de berooidheid waarin God niet is en de woorden van de Heer: 'Zie dan toe
dat het licht dat in u is, geen duisternis is' (Luk. 11:35). De eerste
kosmische voorhistorische ramp, d.w.z. de val van de morgenster,
van Lucifer, die duisternis werd, was immers het gevolg van de op
zichzelf gerichte, verliefde beschouwing van eigen schoonheid; een
beschouwing die eindigde met zelfvergoddelijking.

En dan het prachtige antwoord op de vraag: 'Waar is dan de garantie van de ware omgang met God, ter onderscheiding van de dromerige, filosofische, pantheïstische omgang?'
De heilige Starets Silouan beweerde dat de liefde voor de vijanden
een dergelijke garantie is, op een niveau dat ondergeschikt is aan
onze logische controle. Hij zei: 'De Heer is nederig en zachtmoedig
en Hij heeft Zijn schepsel lief en daar waar de Geest van de Heer
is, zal onherroepelijk een nederige liefde voor de vijanden en een
gebed voor de wereld zijn. En als jij deze liefde niet hebt, dan moet
jij hierom bidden; en de Heer, Die gezegd heeft: 'Bidt en u zal gegeven worden, zoekt en gij zult vinden' (Matth.7:7), zal het aan je
verlenen.' Een dergelijke psychische staat is het gevolg van de ware
goddelijke werkzaamheid.

Ik leer uit dit boek, dat de psychische staat ontelbare misverstanden veroorzaakt, misverstanden in beelden en gedachten, die men
een kwaliteit toedicht die er niet is. Wat is het nut hiervan? Nederigheid, en als me dat lukt zal ik van heel wat innerlijke zwaarte ver-
lost zijn. Ik blijf het proberen, in grote dankbaarheid, dat ik gezond
en energiek ben als een meid van vijfenveertig...

Gisteren was er een prachtige liturgie in het klooster. De Belgische
priester, Vader Thimo heeft Vader Born vervangen i.v.m. diens vertrek. Het lijkt wel alsof hij de lichtende, gouden hemel naar beneden haalt, naar ons toe, tijdens de dienst. De tranen kwamen in mijn
ogen. Hij is een krachtige persoonlijkheid en abt van een Belgisch

klooster en archimandriet. Hij neemt op zeer onconventionele manier de biecht af en zegt dat God zal vergeven, maar dat we eerst de wortels, de oorzaak van datgene waarover we biechten, moeten vinden. Je gaat een beetje giechelend bij hem weg, maar je weet wel wat je te doen staat. Ik had me schuldbewust geuit over het feit, dat ik vaak irritatie voel over mensen en dat ik die houding in mezelf afwijs. Hij zei: 'God vergeeft je natuurlijk', maar gaf me er flink van langs en de opdracht om nederiger te worden. Volkomen waar en ik zal er op letten. Waarom heb ik weinig geduld met mensen, want ik wil heel graag contact met anderen. Misschien heb ik te weinig energie om mijn goede bedoelingen door te voeren, maar ik houd niet van domheid en botheid, tenminste wat ik als zodanig inschat. Dan is mijn interesse weg en ga ik, een beetje boos zelfs, mijns weegs. Nou, daar gaan we dus wat aan doen.

Na de dienst gingen we, samen met Marina, met de anderen koffie drinken. Ik vertelde haar op een gegeven moment, toen zij over haar enneagramcursus sprak, dat dit werk aan zichzelf met het doel om eens de lagere persoonlijkheid te overstijgen en toegang tot het goddelijke te krijgen, naar mijn mening het terrein van de Moeder Gods is. Ik vertelde haar, dat ik dit uit de gebeden heb geleerd, dat de gebeden heel veel informatie bevatten en als je op de juiste wijze openstaat tijdens het bidden, kun je daar van alles uit leren en te weten komen over je eigen situatie en de relatie daarvan tot het hogere. Met het hogere bedoel ik God, Jezus Christus, de Moeder Gods en de Heiligen. Deze kennis gaat over Licht en de mate van Licht, over Liefde en de mate van Liefde, over communicatie met het goddelijke, en dit alles geeft een gevoelsbeeld van jou ten opzichte van dit Licht en deze Liefde en hoe je hierdoor geleid kunt worden.

Ook over de kennis die het goddelijke jou verstrekt, hier is zelfs in psalm 50 over te lezen: 'Zie Gij wilt waarheid in het verborgene, in het geheim maakt Gij mij wijsheid bekend.' En verder: 'Doe mij vreugde en blijdschap horen en het gebeente, dat Gij hebt verbrijzeld, zal weer jubelen. ' Bestaat er een grotere inspiratie dan deze vreugde en blijdschap te ondergaan, zoals ik hiervoor heb proberen te beschrijven, en je eigen kleine belangetjes los te laten ter wille van deze Liefde? Je eigen reiniging blijft natuurlijk een moeilijke zaak, maar je krijgt wel inzicht...

Licht - het winter Sint Jansfeest bij de Vrijmetselaars

Het Licht schijnt in de duisternis en de duisternis heeft het niet begrepen...
Duisternis heeft zijn eigen programmering. Het is kennelijk niet blij met dat licht...
Wat is licht voor mij?
Licht op zich zegt mij minder dan de associatie die ik daarbij heb met warmte, het warme vuur b.v. dat licht geeft... Hebben Licht en warmte (Vuur) met elkaar te maken?
Het licht dat bij vuur hoort geeft mij geborgenheid, intimiteit, liefde, vertrouwen, *gezamenlijkheid, eenheid, geluk.*
Soms heb ik licht nodig om het ergens op te laten schijnen.
Dan moet het onderwerp duidelijk worden of doorzichtig, maar dan voel ik geen warmte.
Ik kan heel wat doen met die duidelijkheid en de kennis die ik daarbij verkrijg (die een beetje koel kan zijn), ik kan verbanden leggen, samenhangen en allerlei nieuwe dingen ontdekken, ik kan andere mensen die niet zoveel licht hebben overtuigen enz, kortom: licht geeft ontelbare mogelijkheden.
Ik *zie* het dan wel beter, maar ik *voel* geen warmte, geen geluk, geen één-zijn met al wat is.

Waarom wil ik warmte? Zou Licht een binnenkant en een buitenkant hebben? Een innerlijke en een uiterlijke? Een warme en een koude kant?
Zou er iets in mij zijn, misschien wel diep in mijn ziel, dat *weet* dat geluk bestaat en dat dàt helemaal bij me hoort, een soort geboorterecht, en zou dat iets in mij wanhopig verlangen dat geluk weer

terug te vinden? Wil ik daarom warmte? Kan mijn duisternis het Licht toch wel begrijpen? Herken ik dan iets?

Het Licht van de Zon maakt mij warm, en maakt ook dat ik beter zie...
Ik kon n.l. niets zien toen dat licht er nog niet was, toen was het donker en alles was onduidelijk en koud. Maar toen ging de zon op en kwam er warmte, binnen en buiten mij. Ik greep dat zonlicht en iets in mij kwam weer tot leven. Ik heb een hechte relatie met de zon...

Als ik liefde, vertrouwen, gezamenlijkheid en zo voel, dan voel ik dat in mijn hart.
Zou er dan vuur in mijn hart zijn, en zou dat Licht veroorzaken? Of andersom?
De zon maakt mijn hart warm en geeft mij Licht om te zien.
U begrijpt nu wel wat Licht bij het Winter St. Jan voor me betekent: het ontsteken van het vuur: warmte in Uw en mijn hart...
Controle over gedachten

Wat is het toch moeilijk om je gedachten onder controle te houden. Ik besef, dat ons hele leven gebombardeerd wordt met gedachten uit de psychische atmosfeer om ons heen of in onszelf, het zijn net grauwe dweilen die rondzweven en nauwelijks een betekenis hebben voor het heden. Eigenlijk helemaal geen betekenis. De Christelijke asceten leren ons om het beeld dat zo'n gedachte oproept, tijdig af te weren, zodat het geen impact heeft en weg is het! Dat kan ik dus niet, maar het feit dat ik het besef, is al heel wat. Ik denk vaak 'ik lijk wel gek' als ik weer zit rond te tollen in zo'n dweil en mijn energie laat weglopen. Zonder die gedachten is mijn leven fantastisch. Ik dank God daar regelmatig voor. Nu nog mijn eigen realisatie...

Over trots

Vanochtend, tijdens de gebeden, drong het tot me door hoe trots ik wel ben! Opeens zag ik, dat zelfs mijn pogingen tot spiritualiteit en 'veelwetendheid' niets betekenen, dat ik, een mens, altijd 'niets' is, en dat hij overgeleverd is aan God. Dat overgeleverd zijn stoort de mens, hij wil ook iemand, God, *zijn*. Hij wil het goddelijke vonkje in zichzelf *zijn*. Was dit het ongeluk van Lucifer? Hij wilde God gelijk zijn, en de mens, in zijn zoektocht naar wie hij is, verdwaalt daarbij ook steeds. Zoals ik me nu voel, verdrietig, totaal 'ontmoedigd' vanwege al mijn, *eigen*, nutteloze pogingen om bij God te komen, waardeloos en voel dat ik me gewoon moet overleveren aan God.

Ik besef, dat het Christendom hierop gebaseerd is. Hoe zit het dan met de hermeticus? Hoe zit het dan met de Christelijke hermeticus? De hermeticus die Christus wil volgen? Is het hermetisme de weg van Faust? Ja, dus, wanneer men blijft hangen in de kennis van het stoffelijke, alle stoffelijke aspecten.

Is er een moment dat de hermeticus over de afgrond springt? Moet springen?

Moet het hermetisme gezien worden als een wetenschap, zoals alle wetenschappen?

Als de hermeticus de 'sprong' naar de lichtende, geestelijke wereld waagt, zal hij al zijn kennisverworvenheden als nutteloos ervaren, want aan de andere kant zal hij geestelijke kennis ontvangen, en dan denk ik weer aan mijn visioen tijdens de Russisch Orthodoxe liturgie in 1997.

Ook de alchemie kun je dus als een gewone wetenschap beschouwen, zelfs wanneer het samenhangt met het zoeken naar innerlijk goud, naar het diepste Zelf. Want ook dan bevindt men zich nog aan de stoffelijke kant, maar wel heel verfijnd.

In mijn visioen zag ik dat de geestelijke wereld kosmische kennis geeft die met het hermetisme vergelijkbaar, maar tegelijkertijd totaal verschillend daarvan is, omdat onze waarneming door onze transformatie een andere kwaliteit heeft gekregen en dan zullen we kennismaken met de ware geestelijke wetten.

Over het leven na de dood

Tijdens de gebeden kreeg ik weer een inzicht:
Ik zag het energieveld, dat wij eigenlijk zijn. Ik zag ons lichaam,
dat vergankelijk is. De gebeden van het Christendom richten ons
op de werelden van energie, en daarom bestaat de geestelijke wereld overduidelijk. Na onze dood worden wij immers ons energieli-
chaam en als wij ons op God gericht hebben tijdens ons leven, krijgen wij direct een meer 'bewust' contact met de geestelijke wereld.
Ons stoffelijke lichaam denkt, dat het gek is om tot iets onzichtbaars
voor de stoffelijke ogen te bidden en het bidden is in de westerse
wereld voor een groot deel verloren gegaan. Tijdens het bidden, als
dit op de juiste wijze gebeurt, dus als ons hart meespreekt, krijgen
wij de verbinding met de heiligen tot wie wij bidden. Daar de ener-
giewereld bestaat, bestaat dus ook de geestelijke wereld. Het mooiste wat ik ooit zal kunnen bereiken is om me continu, de hele dag,
bewust te blijven richten op die innerlijke diepte, die zich in mij
ontwikkelt. In die innerlijke diepte voel ik, dat ik contact krijg met
de hogere werelden, en die noem ik God, Jezus Christus, de Moeder
Gods en de Heiligen. Daarom ontvang ik zoveel inzicht tijdens het
bidden, misschien ben ik dan wel in gesprek met God of de Heilige.
Dit heeft direct te maken met het leven na de dood. Hierbij ga ik nu
even alleen van mezelf uit, en spreek nog niet over de geesten van
de overledenen, want ik ben mij ervan bewust, dat dit specifieke
kennis is. De Theosofie heeft mij heel veel over de stadia van het
leven na de dood geleerd.
Maar ik wil het nu alleen hebben over mijn eigen relatie tot de energie werelden, de rest komt vanzelf, het deduceren en combineren,
het dieper ontwikkelen van de inzichten.
De geestelijke wereld, het bestaan daarvan, is dus een feit. Zaak is
het, om de juiste weg daarin te vinden, de juiste route te volgen
naar God, die ik zoek. Want ook daar zijn genoeg valkuilen. Het is
belangrijk en een voorrecht om die route te zoeken als we ons in ons
stoffelijk lichaam bevinden, dus als we geïncarneerd zijn. Waarom?

Omdat ons stoffelijk zijn een anker is en ons de kracht en stabiliteit geeft om deze route, op onze eigen manier, te vinden en op effectieve wijze te volgen.

Gisteren was de laatste ontmoeting dit jaar met de Russen en de School.

Georgy en ik konden nog net het klapstuk van de door ons uitgegeven boeken introduceren, tw. het album met full-colour symbolische, alchemistische afbeeldingen, die Kliment ontworpen had. Vsevolod toonde zich erg gelukkig met dit boek, evenals de leerlingen van de school. Er zijn een paar foutjes gevonden, die we dus nog gaan corrigeren, en, heel charmant toonde onze Zweedse A. zich enthousiast over die foutjes, omdat ze nu een 'collectors item' heeft, want foutjes in bekende boeken maken zo'n exemplaar veel meer waard... Zelfs mijn zoon Edwin heeft zich er verleden week positief over uitgelaten en vroeg het als cadeau voor zijn verjaardag. Dat vertelde ik Vsevolod, en ook dat Edwin de andere boeken heeft gelezen. Vsevolod beschouwde dit als een bewijs, dat, als zelfs Edwin het waardeerde (!), de buitenwereld dus geïnteresseerd is in onze boeken.

In deze laatste paar ontmoetingen met Vsevolod en Kliment voel ik me prettig, ontspannen en open. Ik voel me meer opgenomen in het weefwerk van de School. Dat is heel mooi en dat hebben Vsevolod en Kliment gecreëerd. Deze situatie heeft geen verbinding meer met de pijn die ik een aantal jaren jegens hen en door hen heb gevoeld. De blijdschap van Vsevolod gisteren om ons boek deed me iets en ik kreeg een warm gevoel voor hem en Kliment Ik voel meer dan ooit dat Georgy en ik een opdracht hebben, en dat is: boeken uitgeven. Wij gronden de boodschap van de School daarmee, nu en voor toekomstige tijden.

Georgy en ik hebben de laatste jaren weinig ontmoetingen bijgewoond, we hadden het veel te druk met Georgy's beroepsleven in Holland en het uitgeven van de boeken van Kliment via de uitgeve-

rij van Georgy en de andere, Orthodox-Christelijke boeken via mijn
uitgeverij.

Het in praktijk brengen van onze spirituele bagage is een spannend
en creatief gebeuren, tot en met de huidige dag! We voelen ons zeer
geïnspireerd door de mystiek van de Russische Orthodoxie en leggen daarbij ook onze eigen 'links' naar deze bronnen.
Ook mijn achtergrond bij o.m. de Theosofie, het Soefisme, de Vrijmetselarij, maakt dat ik me stevig ben gaan voelen in mijn eigen
zijn, ik blijf kritisch en toch welwillend en wijzig mijn schreden als
ik zie, dat dit noodzakelijk is. Vsevolod geeft aan, dat hun school
tot de Sterrentraditie behoort en de universaliteit daarvan trekt me
aan. Het is me echter niet duidelijk of deze universele gerichtheid
nu nog steeds op de oorspronkelijke manier in praktijk wordt gebracht, want soms maken bepaalde groepjes studenten op mij de
indruk, dat ze in 'mooi omheinde, veilige tuintjes' bezig zijn met
consumeren. En ze kunnen dan soms heel geheimzinnig doen....

Ik ben dankbaar voor alle kennis, die ik heb mogen ontvangen en voel dat de inhoud van mijn spirituele rugzak, ook aangevuld door de school, van grote waarde voor me is. Ik denk dat, persoonlijk gezien, mijn grootste probleem nog steeds mijn assepoester identificatie is, de erfenis van het Jappenkamp. Maar nu, in mijn zeventiger jaren, heb ik wat meer zelfkennis verworven, dat dit probleem niet actueel meer maakt en ik blijf me op al mijn favoriete terreinen bewegen. Georgy en ik hebben altijd het ideaal om 'iets nuttigs voor de mensheid te doen' en min of meer doen we dat dus. Volgens een astroloog heb ik in mijn vorige incarnatie veel voor de mensheid gedaan, maar is het in deze incarnatie mijn opdracht om niet meer te werken voor de boodschap van anderen, maar dit nu uit mijzelf te laten komen. Misschien is dat gelukt.

* * *